사생마치 시리즈 2

생각도 쑥쑥!, 실력도 쑥쑥!

생각을 키워주는 한국의 역사 이야기 상

독해와 문제풀이를 통한 **논술력**과 **사고력** 증진

글 | 이지교육 편집부　그림 | 이남구

이지교육

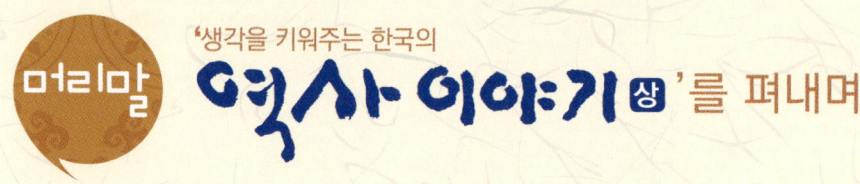

부모님께

　이 책은 길고 긴 학문의 길을 떠나는 우리 어린이들이 우리나라의 역사 이해를 통해 민족적 자긍심을 갖게하고, 과거의 역사적 교훈을 통해 현재와 미래를 살아가는 방향을 제시하고자 주요 사건을 시대순으로 정리하였습니다.

　독해력 평가를 위해 본문과 문제로 구성하였으며, 본문을 읽으며 문제를 풀어 가는 사이에 독해력 측정은 물론 지식을 쌓을 수 있도록 하였습니다. 아이들이 용어를 이해하는데 어려움이 있을 수 있으니, 부모님께서 도와주시기 바랍니다.

교재의 특징

- **첫째** : 읽기를 통한 독해력 향상과 학습의 기초를 다질 수 있도록 하였습니다.
- **둘째** : 한국사에 관심을 갖도록 유도하여, 독서를 생활화할 수 있게 하였습니다.
- **셋째** : 이해를 돕고자 내용과 관련된 그림을 넣었으며, 어려운 어휘는 아랫부분에 정리해 본문을 읽는 도중 바로바로 찾아가며 확인할 수 있도록 하였습니다.

읽기와 문제 풀이를 통해 한국사에 관심을 갖게 지도하신다면 아이들이 생각하는 힘을 기를 수 있음은 물론, 고학년으로 올라가면서 배우게 되는 사회 학습에도 크게 도움이 될 것입니다.

대상

1. '3개월에 한글떼기'로 한글을 완성한 어린이 (읽기 연습용 교재)
2. 초등학교 1~2학년 (내용이해와 독해, 문제풀이 연습)
3. 이주여성이나 다문화 가정의 어린이 (개략적인 한국사의 이해)
4. 재외교민 2세나 한국문화에 관심 있는 외국인
   (개략적인 한국사의 이해)

효과

이주여성이나 다문화 가정의 자녀들은 한국의 역사를 이해하는데 지름길이 될 것입니다. 이어지는 책 '한국의 전래동화, 한국을 빛낸 위인들, 한국의 문화'로 계속 지도하시면 독해력 향상은 물론 학습의 깊이를 더할 수 있게 될 것입니다.

아무쪼록 이 책이 아이들의 독해력과 지식기반을 높이는 데 도움이 되길 기대합니다.

2013년 4월 15일
이지교육 편집실에서
저자 씀

여러분!

　책은 이전에 여러분이 알지 못했던 재미있는 이야기들을 많이 준비해 놓고 여러분을 기다리는 보물단지랍니다.

　어느 민족이나 자기 민족의 우월성을 알리기 위해 '신화'를 가지고 있답니다. '신화'에는 날개 달린 사람도 나오고, 힘이 매우 센 사람, 또 하느님의 아들이라는 사람도 나오지요.

　우리나라도 하느님의 아들인 '환웅'이 곰에서 인간으로 변한 '웅녀'와 결혼하여 낳은 '단군'이, '고조선을 세웠다'는 단군신화가 전해지고 있답니다. 이것은 우리 민족이 '하느님의 자손'이라는 우리 민족의 우월성을 나타내기 위한 이야기로 실제와는 차이가 있지요.

역사란 무엇인가?

　역사란 과거에 일어났던 여러 가지 일들을 글로 기록한 것입니다.
　역사는 우리 선조들이 살아온 일상이 기록으로 남겨져 후대에 전해진 것으로, 현재에도 일어나고 미래에도 일어날 수 있는 일들입니다.
　그래서 '역사'를 '과거와 현재의 끊임없는 대화'라고도 하지요.

　우리가 역사를 배우고, 또 알아야 하는 이유는 역사공부를 통해 삶의 교훈과 지혜를 얻을 수 있고, 역사적 사실들의 원인과 결과를 통해 생각하는 힘을 키울 수 있으며, 과거를 통해 현재를 바르게 이해하고 미래에 대비할 수 있기 때문입니다.

　'생각을 키워주는 한국의 역사이야기'는 우리나라의 고대국가인 '고조선'부터 해방이후 까지를 다루어 여러분이 자랑스러운 배달민족의 후예임을 깨달아 민족적 긍지를 갖게 하고자 하였습니다.

　짧게 정리한 책이지만 여러분이 우리 역사의 이해를 통해 미래를 살아가는 지혜를 얻을 수 있기를 기대합니다.

독해와 문제풀이를 통해
논술력과 사고력 증진을 위한 **책 구성** 미리 보기

본문
단락에 대한 내용을 정리했습니다.

그림
본문에 대한 내용을 표현하여, 시각적 효과를 통해 이해를 돕도록 했습니다.

정답
각 페이지별로 정답을 정리했습니다.

문제
본문에 대한 독해력을 평가하는 내용으로 문제를 제시했습니다.

말풍선
본문에서 부족한 설명을 보충하여 이해를 돕도록 했습니다.

낱말풀이
본문 내용 중 어려운 어휘를 찾아 볼 수 있도록 쉽게 풀어놓았습니다.

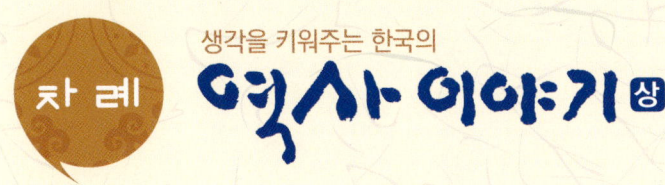

차례

생각을 키워주는 한국의 역사 이야기 상

머리말_6

첫 번째 이야기
최초의 나라, 고조선과 단군 이야기_14

두 번째 이야기
고구려 건국과 주몽 이야기_26

세 번째 이야기
거대한 나라 건설, 광개토대왕 이야기_38

네 번째 이야기
살수대첩과 을지문덕 장군 이야기_48

다섯 번째 이야기
백제 건국과 온조 이야기_62

여섯 번째 이야기
백제의 멸망과 계백 장군 이야기_72

일곱 번째 이야기
신라 건국과 박혁거세 이야기_78

여덟 번째 이야기
화랑과 화랑도 이야기_86

아홉 번째 이야기
발해 건국과 대조영 이야기_90

열 번째 이야기
고려 건국과 고려 태조 왕건 이야기_98

열한 번째 이야기
거란의 침입과 서희의 담판 이야기_106

열두 번째 이야기
거란의 3차 침입과 강감찬 이야기_112

맺는말_118

정답_122

생각을 키워주는 한국의
역사 이야기 상

첫 번째 이야기

최초의 나라 고조선과
단군 이야기

자! 고조선은 언제, 어디에, 누구에 의해 세워졌으며,
고조선 시대에는 어떤 일들이 있었는지, 보물을 찾아 떠나 볼까요?

첫 번째 이야기

최초의 나라, 고조선과 단군 이야기

아주 오랜 옛날이었어요.

하늘나라를 다스리는 하느님께는 *환웅이라는 아들이 있었어요.

환웅은 인간 세상에 내려가 '널리 인간을 *이롭게 하고자' 하는 큰 뜻이 있었어요.

'인간을 이롭게 하는 정신'이 바로 고조선을 세운 '*홍익인간' 정신이랍니다.

하느님은 "훌륭한 생각이다." 하시면서 비를 다스리는 신, 바람을 다스리는 신, 구름을 다스리는 신을 주어 환웅을 돕게 하였어요.

환웅은 세 명의 신과 3,000명의 신하를 거느리고 태백산(지금의 백두산) '*신단수'라는 나무 아래에 자리를 잡았어요.

"이곳은 신성한 곳이니 *신시라고 한다."

환웅은 그곳을 신시라 부르고 사람들을 모아 다스리기 시작하였어요.

다음 문제를 읽고 물음에 답하세요.

1 환웅이 펼치고 싶은 큰 뜻은 무엇이었나요? (   )

　① 인간세상을 지배하는 일
　② 인간 세상에 내려가 널리 인간을 이롭게 하는 일
　③ 인간세상에 내려가 그들을 벌주려는 일
　④ 인간세상에 내려가 나라를 세우는 일

2 하느님이 환웅을 돕게 한 신이 <u>아닌</u> 것은? (   )

　① 바람 신　　　　② 비 신
　③ 구름 신　　　　④ 태양 신

> 환웅이 데려 온 '비, 바람, 구름을 다스리는 신'을 통해 고조선이 농업국가 였음을 알 수 있어요.

3 환웅과 세 명의 신이 자리 잡은 곳은 어디인가요?

　　[　　　　　　　　　　]

4 '널리 인간을 이롭게 한다'는 고조선을 세운 기본 정신을 무엇이라고 하나요?

　　[　][　][　][　] 정신

낱말공부

*환웅 : 하느님의 아들. 우리나라를 최초로 세운 단군왕검의 아버지
*이롭다 : 이익이 있다.
*홍익인간 : 널리 인간을 이롭게 함. 우리나라의 건국이념
*신단수 : 환웅이 처음 하늘에서 그 밑으로 내려왔다는 신성한 나무
*신시 : 환웅이 백두산 신단수 아래 세웠다는 도시

　　환웅은 농사짓는 방법을 가르치고, 병이 나면 치료를 해주고 약도 주었어요. 착한 일을 한 사람에게 상을 주고 나쁜 일을 한 사람에게는 벌을 주었어요. 사람들은 모두 즐겁고 행복하게 살았어요.

　　그러던 어느 날, 곰과 호랑이가 인간세상을 훔쳐보고 있었어요.
　　"저 사람들 좀 봐. 집을 짓고 가족들과 함께 오손도손 사이좋게 음식을 나누어 먹고 있잖아!"
　　"우리 짐승들처럼 서로 먹겠다고 싸우지도 않네!"
　　"빼앗지도 않고, 서로 으르렁거리지도 않고……."
　　"아, 사람들이 사는 세상이 부럽다!"

　　곰과 호랑이는 환웅이 다스리는 인간세상이 부러워 사람이 되고 싶었어요. 그래서 환웅을 찾아가 부탁을 했어요.
　　"저희도 환웅님께서 다스리는 인간세상에서 살고 싶습니다. 사람이 되게 해주십시오."
　　그러자 환웅은 마늘 ㉠스무 개와 쑥 한 바구니를 주면서 말했어요.
　　"너희 소원을 들어주겠다. 100일 동안 햇볕이 들지 않는 동굴 속에서 이 쑥 한 바구니와 마늘 스무 개만 먹고 열심히 기도해라. 그러면 백일 후에 사람이 될 것이다."
　　"예, 그렇게 하겠습니다."
　　둘은 그 약속을 지키기로 하고 동굴 속으로 들어갔어요.

> 다음 문제를 읽고 물음에 답하세요.

1 사람이 되고 싶다고 찾아온 동물은 누구누구인가요?

☐ 과 ☐

2 곰과 호랑이는 사람이 되게 해 달라고 누구에게 부탁했나요?

☐☐ 에게 부탁을 했습니다.

3 환웅은 어떻게 하면 사람이 된다고 하였나요?

☐ 일 동안 햇볕이 들지 않는 ☐☐ 에서 ☐ 과 ☐☐ 만 먹으면서 참고 기도하면 된다.

4 곰과 호랑이는 왜 인간이 되고 싶어했나요? (   )

① 맛있는 것을 많이 먹을 수 있기 때문에
② 쑥과 마늘을 먹을 수 있어서
③ 사람들 사는 모습이 부러워서
④ 환웅이 인간이 되라고 해서

5 ㉠의 <u>스무 개</u>는 몇 개를 말하는 것인가요? (   )

① 10개   ② 20개   ③ 30개   ④ 40개

    하루, 이틀이 지나자 곰과 호랑이는 쑥과 마늘만 먹고 캄캄한 동굴 속에서 지내는 것이 너무나 힘들었어요.

    일주일째가 되자, 성질 급한 호랑이는 어둠과 배고픔을 참지 못하고 굴 밖으로 뛰쳐나가고 말았어요.

    곰은 함께 있던 호랑이가 나가버리고 혼자 있게 되자 더욱 힘들었어요. 그러나 곰은 마음을 더욱 굳게 하고 끝까지 참고 견뎌냈어요.

    "사람이 될 수 있다면 배고픔도 참을 수 있어. 어둠도 참을 수 있어. 그 어떤 것도 참을 거야."

    그렇게 하루하루가 흘러 드디어 약속한 100일이 되자 곰은 아름다운 처녀로 변했습니다.

1 배고픔을 참지 못하고 동굴에서 뛰쳐나간 동물은 누구였나요?

☐ ☐ ☐

2 곰은 동굴속에서 며칠을 지낸 뒤에 인간이 되었나요? (   )

① 잠시 후에   ② 10일 후에
③ 50일 후에   ④ 100일 후에

3 호랑이의 성격은 어떠한가요? (   )

① 참을성이 없다.   ② 인내심이 강하다.
③ 부지런하다.   ④ 게으르다.

4 이 이야기를 통해 알 수 있는 것은 무엇인가요? (   )

① 곰은 사람이 될 수 있다.
② 호랑이는 사람이 될 수 없다.
③ 목표를 이루려면 참을성이 있어야 한다.
④ 쑥과 마늘을 먹으면 사람이 될 수 있다.

　사람들은 쑥과 마늘만을 먹고, 백일 동안 참고 견딘 곰을 대단하게 생각하였어요. 또한, 곰이었는데 여자가 되었다 하여 '*웅녀'라고 부르며 공손하게 대했어요.

　웅녀는 마음씨가 착하고 *총명하였어요.
　환웅은 웅녀와 결혼했습니다.
　얼마 후, 웅녀는 예쁜 사내 아기를 낳았는데, 이 아기가 바로 우리 나라를 처음 세운 '*단군왕검'입니다.

　'단군'이라는 이름은 '백두산 단목 밑에서 태어났다.' 하여 지은 이름이에요. 단군은 하늘에 제사를 지내는 신성한 사람, 즉 *제사장이라는 뜻이기도 해요.
　이때는 왕이라는 말이 없었기 때문에 사람들은 왕의 뜻을 지닌 '왕검'이라는 말을 붙여 '단군왕검'이라고 불렀습니다.

낱말공부

*웅녀 : 단군 신화에 나오는 단군의 어머니. 곰이 사람으로 변하여 여자가 되었음
*총명 : 보거나 들은 것을 오래 기억하는 힘이 있음.
*단군왕검 : 우리나라 최초의 국가인 고조선을 세운 시조
*제사장 : 제사를 지내는 사람 중 우두머리

다음 문제를 읽고 물음에 답하세요.

1 곰에서 사람이 된 여자를 무엇이라고 불렀나요?

☐ ☐

> 하늘에서 내려온 환웅과 곰에서 사람이 되었다는 웅녀의 결혼에 관한 설화는 '다른 지역에서 이주해 온 세력이 곰을 숭배하는 토착세력과 힘을 합쳤다'는 뜻으로 해석합니다.

2 환웅과 웅녀가 결혼하여 태어난 아기는 누구인가요?

☐ ☐ ☐ ☐

3 '단군'이 나타내는 말이 <u>아닌</u> 것은 어느 것인가요? ( )

① 하늘의 왕이다
② 백두산 단목 밑에서 태어났다.
③ 하늘에 제사를 지내는 신성한 사람이다.
④ 제사장이다.

4 '왕검'이 뜻하는 것은 무엇인가요? ( )

① 하늘
② 하느님의 아들
③ 하늘에 제사를 지내는 신성한 사람
④ 왕

5 '밑에서'를 <u>바르게 소리 내어 읽은 것</u>은 어느 것인가요? ( )

① 밑에서   ② 미테서
③ 미체서   ④ 밑테서

단군은 평양에 나라를 세우고 나라 이름을 '조선'이라고 불렀어요.
이때가 *기원전 2,333년입니다.
"단군왕검 만세! 조선 만세!"
사람들은 기쁨에 넘쳐 소리 높여 만세를 외쳤어요.
단군이 세우신 '조선'이 우리나라 최초의 나라이고, 단군은 시조, 즉 나라를 세우신 최초의 할아버지랍니다.
단군의 후손들은 1,500년 동안 나라를 다스렸어요.
이 나라는 훗날 태조 이성계가 세운 조선과 구별하기 위해 '*고조선'이라고 해요.

이 이야기는 너무나 오래되어서 입에서 입으로만 전해져 오다가, 고려 시대 *일연 스님이 *삼국유사에서 단군이야기를 쓰면서 널리 알려지게 되었답니다.

다음 문제를 읽고 물음에 답하세요.

1 단군왕검이 최초로 나라를 세운곳은 어디인가요? (　　)

　　① 신단수　　② 백두산　　③ 평양　　④ 신시

2 우리나라를 최초로 세운 때는 언제이고, 나라 이름은 무엇인가요?

　　언제 : ☐　　, 나라 이름 : ☐

3 단군이야기가 처음으로 소개된 책은 무엇인가요? (　　)

　　① 삼국사기　　② 삼국지　　③ 경국대전　　④ 삼국유사

4 다음 나라를 세우신 분과 나라를 바르게 이어 보세요.

단군왕검	•	•	조선
이성계	•	•	고조선

5 이 이야기의 줄거리를 써보고, 가족이나 친구들과 서로 토론해 보세요.

　　☐

낱말공부

***기원전** : 예수가 태어나기 이전
***고조선** : 단군이 세운 최초의 나라
***일연** : 고려 시대의 승려 (1206~1289) 삼국유사를 쓴 사람
***삼국유사** : 고려 충렬왕 11년에 쓰인 우리나라 최초의 역사책

생각을 키워주는 한국의
역사 이야기 상

두 번째 이야기
고구려 건국과
주몽 이야기

세 번째 이야기
거대한 나라 건설,
광개토대왕 이야기

네 번째 이야기
살수대첩과
을지문덕 장군 이야기

다섯 번째 이야기
백제 건국과
온조 이야기

여섯 번째 이야기
백제의 멸망과
계백 장군 이야기

일곱 번째 이야기
신라 건국과
박혁거세 이야기

여덟 번째 이야기
화랑과
화랑도 이야기

아홉 번째 이야기
발해 건국과
대조영 이야기

두 번째 이야기

고구려 건국과 주몽 이야기

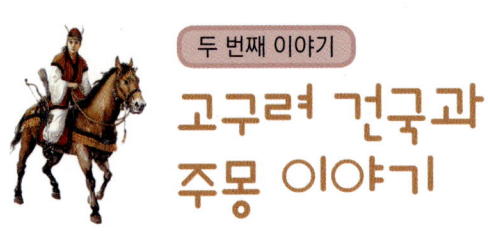

　단군 할아버지가 우리나라에 최초로 세운 고조선이 끝나갈 무렵 여러 나라가 세워졌는데, 그 중 하나인 *동부여의 금와왕이 어느 날 사냥을 나갔습니다.

　왕은 말에게 물을 먹이려고 강가로 갔다가 아름다운 처녀가 혼자 앉아 있는 것을 보았어요.

　왕은 다가가서 물었어요.

　"아가씨! 아가씨는 누구이며, 어찌하여 이런 곳에 혼자 와 있는가?"

　"저는 압록강가에 살고 있는 *하백의 딸 유화라고 합니다."

　아가씨가 공손히 대답했어요.

하백은 물을 다스리는 신의 이름입니다.
하백에게는 세 딸이 있었는데, 큰딸이 유화였어요.

1 단군 할아버지가 세운 우리 민족 최초의 나라 이름은 무엇인가요?

2 금와왕이 강가에서 만난 사람은 누구였나요? (   )

① 해모수의 딸 ② 환웅의 딸
③ 하백의 딸 ④ 환인의 딸

3 물의 신, 하백의 큰딸 이름은 무엇인가요?

4 바르게 쓴 낱말에 ○표 하세요.

1) 압록강 근처를 헤매다가 (   ) / 헤메다가 (   ) 금와왕을 만났다.

2) 강가에 않아 (   ) / 앉아 (   ) 있었습니다.

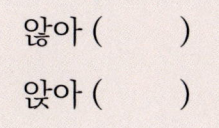

 낱말공부

*동부여 : 해부루가 북부여에서 나와 59년에 부여의 동쪽 두만강 유역에 세운 나라.
*하백 : 물을 맡아 다스린다는 신

어느 무더운 여름날, 유화는 동생들을 데리고 골짜기의 *개울에서 목욕하고 있었어요. 이때 한 남자가 나타나 자기는 하느님의 아들 *해모수라고 소개를 했어요.

해모수는 곧 유화의 아름다움에 끌려 둘은 서로 사랑에 빠지게 되었어요. 그러던 어느 날 해모수는 갑자기 사라진 후 영영 돌아오지 않았어요.

이때, 일을 보러 멀리 집을 떠났다가 돌아온 유화의 아버지 하백은, 유화가 *낯선 남자와 사랑을 한 것을 알게 되었어요.

"부모의 허락도 받지 않고 낯선 남자와 사랑을 하다니 집안의 수치다. 당장 집에서 나가거라!"

하백은 몹시 화가 나서 유화를 집에서 쫓아냈어요.

이렇게 집에서 쫓겨난 유화는 갈 데가 없어 압록강 근처를 헤매다가 금와왕을 만나게 된 것이지요.

왕은 유화가 집에서 쫓겨난 이야기를 듣고 딱한 생각이 들었어요.

"*사정이 매우 딱하게 되었구나. 나와 함께 동부여로 가서 사는 것이 어떻겠느냐?"

"예. 그렇게 하겠습니다."

유화는 금와왕을 따라나섰어요.

유화가 동부여로 온 그날부터 유화가 있는 곳에 햇빛이 비치더니 유화의 배가 점점 불러오기 시작했어요.

1 유화가 사랑에 빠진 사람은 누구였나요?

하느님의 아들 ☐☐☐

2 유화와 사랑에 빠진 해모수는 어떻게 되었나요? (   )

① 사람이 되어 유화와 같이 살았다.
② 하느님이 불러 되돌아갔다.
③ 어느 날 갑자기 사라진 후 영영 돌아오지 않았다.
④ 벌을 받고 멀리 쫓겨났다.

3 집에서 쫓겨난 유화는 누구를 따라갔나요?

4 집에서 쫓겨난 유화는 어느 나라에 갔나요? (   )

① 동부여 ② 고구려
③ 백제　　④ 신라

 낱말공부

*개울 : 골짜기나 들에 흐르는 작은 물줄기.
*해모수 : 하느님의 아들로 하백의 딸 유화와 사통하여 고구려의 시조 주몽을 낳았다고 함
*낯선 : 전에 본 기억이 없어 익숙하지 않은
*사정 : 일의 형편이나 그렇게 된 까닭

그리고 얼마 지나지 않아 유화는 커다란 알을 낳았어요.

금와왕은 유화가 알을 낳았다는 말을 듣고 매우 놀랐어요.

"어찌 사람이 알을 낳는단 말이냐? 이는 불길한 일이니 당장 갖다 버리도록 하여라!"

금와왕은 알을 *돼지우리에 버리라고 했어요.

그러나 이상하게도 돼지들이 그 알을 밟지 않고 피했어요.

"그 알을 길거리에다 내다 버려라!"

신하들이 알을 돼지우리에서 꺼내어 길에 갖다 버렸으나, 거리를 지나가는 소나 말까지도 알을 피해 다녔어요.

화가 난 금와왕은 그 알을 들판에 내버리라고 명령했어요.

알을 들판에 버리자, 이번에는 새들이 날아와서 지키고 따뜻하게 *품어주었어요.

마지막에는 알을 깨뜨려 버리려고 하였으나, 알은 깨지지 않았어요.

금와왕은 할 수 없이 그 알을 유화에게 돌려주었어요.

다음 문제를 읽고 물음에 답하세요.

> 영웅이나 나라를 세운 시조의 탄생을 신비롭게하기 위해서 '알에서 태어났다.'고 하는 설화를 '난생설화'라고 해요.

1 금와왕을 따라간 유화가 낳은 것은 무엇이었나요?

☐

2 금와왕의 명령에 따라 알을 버린 곳을 순서대로 써 보세요.

3 알을 들판에 버리자 어떤 일이 일어났나요? ( )

① 소나 말이 밟고 다녔다.
② 돼지가 발로 밟아 깨뜨렸다.
③ 새들이 날아와 쪼아 먹었다.
④ 새들이 날아와 따뜻하게 품어 주었다.

4 금와왕이 알을 유화에게 돌려준 이유는 무엇인가요? ( )

① 유화가 너무 슬퍼해서
② 새들이 날아와 쪼아먹으려 해서
③ 알을 깨뜨리려 했으나, 깨지지가 않아서
④ 금와왕이 아끼는 알이어서

***돼지우리** : 돼지를 가두어 기르는 곳
***품어주다** : 가슴에 따뜻하게 안아주다.

　유화부인은 알을 따뜻한 곳에 놓아두고 *정성을 다해 보살폈어요. 그러자 얼마 후 알에서 사내아기가 태어났어요. 아기는 무럭무럭 자라서 일곱 살이 되었을 때는 활을 쏘아 파리를 잡을 정도로 활을 잘 쐈습니다.
　"이 아이는 보통 아이가 아니다."
　유화 부인은 이 아이 이름을 '주몽'이라고 지었어요. 동부여에서는 활을 아주 잘 쏘는 사람을 주몽이라 하였기 때문이지요.
　금와왕도 총명하고 활을 잘 쏘며 *무예에 뛰어난 주몽을 누구보다 사랑했어요. 그래서 *왕자로 삼았습니다.
　금와왕에게는 일곱 명의 왕자가 있었는데, 이들은 재주도 많고 활도 잘 쏘는 주몽을 *시기했어요.
　어느 날, 첫째 왕자 대소는 다른 왕자들과 함께 주몽을 없애기로 하였습니다. 이 사실을 알게 된 유화부인은 주몽에게 말했습니다.
　"왕자들이 모두 너를 죽이려고 한다. 네 재주라면 어디에 가서라도 큰일을 할 수 있을 것이다. 멀리 도망가거라."
　주몽은 어머니의 말대로 자기를 따르는 '오이, 마리, 협보'라는 세 청년을 불러 놓고 말했습니다.
　"일곱 왕자가 나를 헤치려 한다. 이곳을 떠나야겠다."
　"어디로 가실 생각이십니까?"
　"남쪽으로 내려가 나라를 세워 큰일을 해 보고 싶구나. 나하고 같이 가서 큰일을 해보지 않겠느냐?"

다음 문제를 읽고 물음에 답하세요.

1 동부여에서는 주몽이 무슨 뜻이었나요? (   )

① 말을 잘 기르는 사람　② 칼을 잘 쓰는 사람
③ 말을 잘 타는 사람　　④ 활을 잘 쏘는 사람

2 주몽에 대해 잘 못 말한 것은 어느 것인가요? (   )

① 재주가 많다.　② 총명하다.
③ 활을 잘 쏜다.　④ 시기심이 많다.

> **소리를 흉내 내는 말 (의성어)** : 쨍그랑, 딸랑딸랑, 소곤소곤 등
> **모양을 흉내 내는 말(의태어)** : 아장아장, 뒤뚱뒤뚱, 무럭무럭 등, 그리고 흉내 내는 말은 대부분 두 번씩 겹쳐 쓴답니다.

3 작은 것이 잘 자라는 모양을 흉내 낸 말을 찾아 써 보세요.

　□ □ □ □

4 주몽과 함께 떠난 사람은 누구누구인가요?

　□　,　□　,　□

5 주몽이 해보고 싶은 일은 무엇인가요?

　□ 쪽으로 내려가 □ □ 를 세워 큰일을 하고 싶었다.

낱말공부

* **정성** : 온갖 성의를 다하려는 참된 마음
* **무예** : 검술과 궁술 등 무술에 관한 재주
* **왕자** : 임금의 아들
* **시기** : 샘하여 미워함

"예, 우리는 주몽 왕자님을 따르겠습니다."

이렇게 하여 주몽은 이들 세 사람과 함께 도망을 쳤습니다.

주몽이 없어진 것을 안 대소 왕자는 군사들과 함께 주몽을 쫓았습니다. 주몽은 대소 왕자와 군사들에게 쫓기며, 지금의 압록강 가에 이르렀습니다.

강에는 배 한 척 없었습니다. 당장 강을 건너지 못하면 군사들에게 잡혀 죽을 수 밖에 없었습니다.

그때, 주몽은 강가에 다가가 큰소리로 외쳤어요.

"나는 해모수의 아들이며, 하백의 *외손자다. 내가 강을 건널 수 있게 도와 다오."

그러자 신기하게도 물속에서 수많은 물고기와 *자라들이 강물 위에 *뗏목처럼 이어져 길을 만들어 주었습니다.

주몽과 세 사람은 무사히 강을 건널 수 있었습니다.

*외손자 : 딸이 낳은 아들
*자라 : 자라와 비슷하게 생긴 동물
*뗏목 : 나무를 엮어 물에 띄워 물건을 운반하는 것

다음 문제를 읽고 물음에 답하세요.

1 대소 왕자에게 쫓겨 압록강 가에 왔을 때 주몽의 상황으로 알맞지 <u>않은</u> 것은 어느 것인가요? (   )

① 강에는 배가 한 척도 없었다.　② 군사들에게 잡혀 죽을 수밖에 없다.
③ 다리가 놓여 있었다.　　　　　④ 군사들에게 쫓기고 있다.

2 주몽이 "해모수의 아들이며 하백의 외손자다. 강을 건널 수 있게 도와 달라"고 외치자 어떤 일이 벌어졌나요?

수많은 □□□ 와 □□ 가 다리를 놓아 주었다.

　그렇게 주몽과 세 사람은 '졸본'에 이르게 되어 나라를 세웠습니다.
　나라 이름을 '고구려'라 하고, 주몽의 성도 '고(高)'씨로 했습니다.
　이때가 기원전 37년, 주몽의 나이 22세였습니다. 주몽은 영리하고 용감하며 너그러운 마음을 갖춘 인물이었습니다. 이러한 주몽에게 *소서노와 많은 백성들이 따랐습니다.

　고구려와 고주몽의 이름은 떠오르는 해처럼 사방으로 빛을 발했습니다. 그래서 훗날 사람들은 고주몽을 '*동명성왕'이라고 부르게 되었답니다.
　고주몽이 세운 고구려는 우리나라 역사상 가장 크고 강력한 나라가 되었습니다.

다음 문제를 읽고 물음에 답하세요.

1 훗날 사람들은 주몽을 뭐라고 불렀나요? (   )

① 단군왕검   ② 동명성왕   ③ 세종대왕   ④ 광개토대왕

2 주몽이 세운 나라 이름은 무엇인가요? (   )

① 고구려   ② 고려   ③ 고조선   ④ 부여

3 주몽은 어떤 사람인지 본문에서 찾아 써보세요.

[   ]

4 주몽이 나라를 세울 때 많은 도움을 준 여인은 누구인가요?

☐ ☐ ☐

5 이 이야기의 줄거리를 써보고, 가족이나 친구들과 서로 토론해 보세요.

[   ]

낱말공부

***소서노** : 졸본 부여의 공주. 도망쳐온 주몽과 함께 고구려를 세운 여장부. 백제를 세운 온조의 어머니
***동명성왕** : 고구려(高句麗)의 시조

세 번째 이야기

거대한 나라 건설 광개토 대왕 이야기

> 광개토 대왕의 원래묘호는 '국강상광개토경평안호태왕'이지만 줄여서 '광개토 대왕'이라고 부릅니다.

  광개토대왕은 375년 고구려 고국양왕의 아들로 태어났으며, 어렸을 때의 이름은 '담덕'이었습니다.

  담덕은 '어질고 큰 덕을 지닌 사람'이라는 뜻이었습니다.

  어려서부터 활쏘기와 말타기 그리고 무예가 뛰어난 담덕 왕자는 13세에 *태자가 되었습니다.

  어느 날 고국양왕은 태자가 된 담덕을 데리고 고구려의 수도인 *환도성 위에 올라 남쪽을 가리키며 말했습니다.

  "저곳 평양성에서 네 할아버지이신 고국원왕이 백제군에 의해 돌아가셨다. 백제를 멸망시켜야 한다."

  그리고 다시 서북쪽을 보며 말했습니다.

  "저 북쪽에 있는 중국의 *연나라는 우리 고구려의 수도 환도성까지 쳐들어와 많은 사람을 죽이고 피해를 주었으니 이 *치욕을 꼭 갚아야 한다. 이 두 가지를 마음에 새겨 두도록 하여라."

  "예, 아버님! 마음에 깊이 새기고 반드시 실천하겠습니다."

다음 문제를 읽고 물음에 답하세요.

1 광개토대왕의 아버지는 누구인가요? (   )

① 고국원왕   ② 고국양왕   ③ 소수림왕   ④ 장수왕

2 광개토대왕의 어릴 때의 이름은 무엇인가요? (   )

① 주몽   ② 왕건   ③ 담덕   ④ 만덕

3 고구려의 수도는 어디인가요?

4 아버지가 담덕에게 꼭 마음에 새겨 두어야 한다고 부탁한 두 가지는 무엇 무엇인가요? (,   )

① 할아버지를 돌아가시게 한 백제를 멸망시켜야 한다.
② 할아버지를 돌아가시게 한 신라를 멸망시켜야 한다.
③ 환도성까지 쳐들어와 많은 사람을 죽이고 피해를 준 백제에게 치욕을 갚아야 한다.
④ 환도성까지 쳐들어와 많은 사람을 죽이고 피해를 준 연나라에게 치욕을 갚아야 한다.

 낱말공부

***태자** : 왕위를 이을 왕자
***환도성** : 중국 지린성 지안현에 있는 고구려의 성
***연나라** : 중국 춘추 전국 시대의 전국 칠웅 가운데 하나
***치욕** : 수치와 모욕을 아울러 이르는 말

　고국양왕이 왕위에 오른 지 8년 만에 세상을 뜨자, 담덕 태자는 18세의 젊은 나이로 고구려의 19번째 왕이 되었습니다. 이 분이 우리나라 역사상 가장 강하고 넓은 나라를 건설한 위대한 광개토대왕입니다.

　광개토대왕은 '*영락'이라는 *연호를 사용했는데, 이는 우리나라 최초의 *독자적인 연호입니다. 독자적인 연호를 사용함으로써 중국과 대등하다는 것을 널리 알리고 땅을 넓히기 시작했습니다. 광개토대왕은 왕위에 오르자마자 '강한 고구려를 만들겠다.'는 커다란 꿈을 가지고 차근차근 준비해갔습니다.
　먼저 말을 많이 사들이고, 좋은 무기를 만들었으며 군사를 모집해 강하게 훈련을 시켰습니다. 곧 10만 *대군이 되었습니다.

　광개토대왕은 군사 5만은 나라를 지키게 하고 나머지 5만을 직접 이끌고 남으로 내려가 백제를 공격했습니다.
　백제는 *용맹하고 훈련이 잘된 고구려군을 당해 낼 수가 없었습니다.
　고구려가 한강을 차지하고 계속 남으로 내려가자 결국 백제는
　"앞으로는 신하의 나라로서 고구려를 섬기겠습니다. 다시는 고구려를 *침공하지 않겠습니다." 라며 *항복하고 말았습니다.
　백제를 굴복시킨 광개토대왕은 *왜나라의 침략에 시달리던 신라가 구원을 요청하자, 5만 대군을 보내 왜군을 몰아냈습니다.

다음 문제를 읽고 물음에 답하세요.

1 우리나라 최초로 독자적인 연호를 사용한 왕은 누구인가요? (   )

　　① 소수림왕　　　　　② 장수왕
　　③ 세종대왕　　　　　④ 광개토대왕

2 광개토대왕 때 사용했던 우리나라 최초의 독자적 연호는 무엇인가요?

　　□□

3 광개토대왕의 꿈은 무엇이었나요?

　　강한 □□□ 를 만드는 것

4 고구려에 항복한 백제는 어떻게 하겠다고 했나요? 2가지를 찾아보세요.
(　 , 　)

　　① 신하의 나라로서 고구려를 섬기겠다.
　　② 친하게 지내겠다.
　　③ 고구려와 나라를 합치겠다.
　　④ 다시는 고구려를 침공하지 않겠다.

낱말공부

*영락 : 고구려 광개토대왕의 연호
*연호 : 해의 차례를 나타내기 위하여 붙이는 이름
*독자적인 : 남에게 기대지 아니하고 혼자서 하는
*대군 : 병사의 수가 많은 군대
*용맹 : 용감하고 사나움
*침공 : 다른 나라를 침범하여 공격함
*항복 : 적이나 상대편의 힘에 눌리어 굴복함
*왜나라 : 일본

　고구려가 신라를 도와 왜군을 몰아내는 사이에 고구려 서북쪽에 있던 후연(중국의 한나라)이 쳐들어왔습니다. 광개토대왕은 다시 군사를 이끌고 후연을 공격했습니다. 그리고 계속해서 북으로 땅을 넓혀 나갔습니다. 주변에 있는 많은 나라는 강력한 고구려군의 상대가 되지 못했습니다.

　이처럼 고구려는 여러 나라와의 전쟁에서 승리를 거두며 강한 나라로 자리를 잡았습니다.

1 고구려가 신라를 도와 왜군을 물리칠 때, 어떤 나라가 쳐들어 왔나요?

2 주변에 있는 여러 나라가 고구려의 상대가 되지 <u>못한</u> 까닭은 무엇인가요? (　　　)

　　① 고구려가 너무 약해서
　　② 고구려가 너무 강해서
　　③ 고구려가 너무 얄미워서
　　④ 고구려가 너무 부자여서

　광개토대왕은 동쪽의 동부여를 쳐서 만주 지역을 통일하기로 했습니다.
　410년, 광개토대왕은 동부여로 쳐들어갔습니다.
　"충성스런 고구려군사들이여! 나와 함께 더 넓은 세계로 나가 고구려의 이름을 떨치자!"
　"와! 고구려 만세! 광개토대왕 만세!"
　고구려군의 ㉠사기는 하늘을 찌를 듯했어요.
　동부여 왕은 강력한 고구려군의 *상대가 될 수 없다는 것을 알고 스스로 성문을 열고 항복하고 말았습니다. 그러자 동부여 주변의 여러 부족도 앞다투어 고구려에 항복하였습니다.

　이렇게 해서 고구려는 요동 지역의 모든 땅을 차지하여 만주 지방의 주인이 되었습니다. 이로써 광개토대왕은 남쪽과 북쪽의 *영토를 크게 ㉠넓힌 왕이 되었습니다.

다음 문제를 읽고 물음에 답하세요.

1 광개토대왕이 만주지역을 통일하기 위해 어느 나라를 공격하기로 했나요?
( )

① 동부여　　　　② 고구려
③ 신라　　　　　④ 수나라

2 ㉠ <u>사기가 하늘을 찌를 듯하다</u>는 어떤 의미인가요? ( )

① 군사들의 사기가 높다.　　② 군사들의 키가 크다.
③ 군사들이 하늘에 닿는다.　④ 군사들이 많다.

3 역사상 우리나라를 가장 큰 나라로 만든 왕은 누구일까요? ( )

① 세종대왕　　　② 광개토대왕
③ 고국양왕　　　④ 고국원왕

4 ㉠<u>넓힌</u>을 바르게 소리 내어 읽은 것은 어느 것인가요? ( )

① 널힌　　　　　② 널빈
③ 널핀　　　　　④ 넙힌

> '넓힌'의 받침 'ㅂ'이 'ㅎ'과 만나서 'ㅍ'으로 소리가 나요.

 낱말공부

*상대 : 서로 겨룸. 또는 그런 대상
*영토 : 국가의 통치권이 미치는 구역

　그토록 위대한 업적을 세운 광개토대왕은 아쉽게도 413년, 39세의 젊은 나이로 세상을 떠났습니다. 왕위에 오른 지 22년만 이었습니다. 광개토대왕은 왕위 22년 대부분을 나라를 넓히기 위해 전쟁터에서 보내다가 병을 얻어 숨진 것입니다.

　414년에 뒤를 이은 그의 아들 장수왕이 중국의 지린성 지안현의 국내성 동쪽 언덕에 거대한 *비석을 세워 광개토대왕의 뛰어난 *업적을 기렸습니다.

　그 비에는 다음과 같은 글귀가 쓰여 있습니다.

은혜로운 혜택을 하늘에서 받으시어
위대한 힘을 온 세상에 떨치노라.
나쁜 무리를 무찔러 없애시니
모든 사람이 편안하게 일을 하도다.
나라가 부유해지고 백성이 잘살아
온갖 곡식이 풍성하게 익었도다.

광개토대왕비

　'광개토'라고 하는 그의 이름처럼 땅을 넓게 개척한 왕으로, 역사에 길이 빛나고 있는 광개토대왕은 우리 민족의 자랑이요, *긍지로 아직도 우리의 마음속에 살아 있습니다.

다음 문제를 읽고 물음에 답하세요.

1 광개토대왕은 왕위 22년을 대부분 무엇을 하며 보냈나요? (　　)

① 부강한 나라를 만들기 위해 무기를 만드는데 시간을 보냈다.
② 백성들이 편히 살도록 제도를 만드는데 시간을 보냈다.
③ 나라를 넓히기 위해서 전쟁터에서 보냈다.
④ 부강한 나라를 만들기 위해 재물을 모으는데 힘썼다.

2 광개토대왕의 아들은 누구인가요?

☐ ☐ ☐

3 장수왕이 중국의 국내성 동쪽 언덕에 거대한 비석을 세운 까닭은 무엇인가요? (　　)

① 광개토대왕을 자랑하려고
② 다른 나라에서 고구려를 침공하지 못하게 하려고
③ 광개토대왕의 뛰어난 업적을 기리기 위해서
④ 아버지가 보고 싶어서

4 광개토대왕 비에 쓰여 있는 업적을 책에 나온 대로 써보세요.

낱말공부

*비석 : 돌로 만든 비
*업적 : 어떤 사업이나 연구 따위에서 세운 공적
*기리다 : 기념하다
*긍지 : 자신의 능력을 믿음으로써 가지는 당당함, 보람

네 번째 이야기

살수대첩과 을지문덕 장군 이야기

고구려는 세력을 키우는 동안 수없이 많은 전쟁을 치렀습니다. 그 가운데서도 중국의 수나라와 당나라와의 전쟁은 유명했습니다. 먼저 수나라와 고구려의 전쟁 이야기입니다.

589년, 중국을 통일한 수나라는 30만 대군을 이끌고 고구려로 쳐들어왔습니다. 그러나 *장마와 *전염병이 돌아 병사들이 아프고 죽어가자 싸워 보지도 못하고 스스로 물러갔습니다.

을지문덕 장군은 수나라가 비록 스스로 물러갔지만, 다시 쳐들어 올 것이라고 *예상하고 침략에 대비했습니다.

"성을 더 튼튼히 쌓고 병사들을 더 강하게 훈련시켜라!"

다음 문제를 읽고 물음에 답하세요.

1 수나라가 30만 대군을 이끌고 고구려로 쳐들어왔다가 왜 싸워 보지도 못하고 스스로 물러났나요? (   )

① 고구려군이 너무 무서워서
② 병사들이 싸우기 싫다고 항의해서
③ 전염병이 돌아 병사들이 아프고 죽어가서
④ 갑자기 수나라에 전쟁이 나서

2 수나라가 비록 스스로 물러갔지만, 다시 쳐들어올 것이라고 예상을 한 사람은 누구인가요?

 장군

3 을지문덕 장군은 수나라가 다시 쳐들어올 것에 대비해 어떻게 하였나요? 2가지 고르세요. (,   )

① 숨을 곳을 마련하였다.
② 성을 더 튼튼히 쌓았다.
③ 병사들을 강하게 훈련시켰다.
④ 먹을 것을 많이 마련하였다.

 낱말공부

***장마** : 여름철에 여러 날을 계속해서 비가 내리는 현상이나 날씨
***전염병** : 전염성을 가진 병들을 통틀어 이르는 말
***예상** : 어떤 일을 직접 당하기 전에 미리 생각하여 둠

　을지문덕은 *문무와 *지략과 용맹을 두루 *겸비한 역사상 보기 드문 위대한 장군이었습니다.
　그는 수나라의 공격에 대비해 모든 준비를 다하고 있었습니다.
　을지문덕이 예상한 대로 612년, 수나라는 113만에 이르는 어마어마하게 많은 군사를 이끌고 다시 침략해 왔습니다.
　"고구려의 수도 평양성을 치기 위해서는 먼저 요동성을 빼앗아야 한다. 요동성을 공격하라!"
　수나라는 요동성을 포위하고 *맹렬하게 공격했으나 몇 달이 지났는데도 이길 수가 없었습니다.
　수나라 왕은 유명한 장군 우문술과 우중문을 불러 명령을 내렸습니다.
　"요동성을 쉽게 무너뜨릴 수 없을 듯하오. 두 장군은 30만 군사를 주겠으니 고구려의 수도 평양성을 *함락시켜 고구려의 항복을 받으시오."

다음 문제를 읽고 물음에 답하세요.

1 을지문덕 장군은 어떤 사람인가요?

☐☐ 와 ☐☐ 과 ☐☐ 을 두루 겸비한 장군

2 수나라군은 수도 평양성을 치기 위해 먼저 어디를 공격하였나요? (   )

① 국내성　　　② 평양성
③ 지린성　　　④ 요동성

3 을지문덕 장군이 예상했던 대로 수나라는 얼마나 많은 군사들을 이끌고 침략해 왔나요?

☐ 만

4 수나라 왕은 요동성을 쉽게 무너뜨릴 수 없자 누구를 불러 명령을 내렸나요?

유명한 ☐☐☐ 과 ☐☐☐ 장군

낱말공부

*문무 : 학문과 무예를 이르는 말
*지략 : 어떤 일이나 문제의 해결 대책을 능숙하게 세우는 뛰어난 슬기와 계략
*겸비 : 두 가지 이상을 아울러 갖춤
*맹렬하게 : 기세가 몹시 사납고 세차게
*함락 : 적의 성, 요새, 진지 따위를 공격하여 무너뜨림

　우중문과 우문술은 30만 대군을 거느리고 요동성을 돌아 압록강으로 향했습니다.
　을지문덕은 수나라 군대가 내려오는 *길목에 사는 백성을 미리 모두 *피신시켰습니다.
　또, 수나라군이 공격해 오면 거짓으로 지는척하며 적을 고구려 안으로 깊숙이 *유인했습니다. 싸울 때마다 승리하자 수나라군은 신이나서 쫓아 왔습니다.
　그러나 먼 데서 왔고 먹을 것이 부족했던 수나라 병사들은 굶주림에 지쳐 있었습니다.

　이를 알고 있는 다른 고구려의 장군들이 입을 모아 을지문덕 장군에게 말했어요.
　"장군님, 지금 수나라 군대를 공격하면 이길 수 있습니다."
　그러나 *병법을 잘 아는 을지문덕 장군은 수나라 군사가 너무 많아서 *섣불리 공격하는 것은 위험할 수 있다고 생각했습니다.
　"우리 군사는 적고 수나라 군사는 너무나 많소. 우리는 단 한 번만 실수해도 나라가 망할 수 있소. 적의 *약점을 정확히 알아야 하오. 내가 직접 수나라 *진영에 들어가 알아보겠소."
　총대장이 부하를 시키지 않고 스스로 적의 진영으로 직접 간 경우는 역사상 없었습니다. 을지문덕 장군은 이처럼 용감하고 희생정신이 뛰어난 장군이었습니다.

다음 문제를 읽고 물음에 답하세요.

1 을지문덕 장군은 수나라군이 쳐들어오면 어떻게 하였나요?

거짓으로 ☐☐ 척하며 고구려 안으로 ☐☐ 하였다.

2 수나라 병사들의 상태는 어떠하였나요? ( )

① 기운이 넘쳐났다.　　　　② 두려움에 빠져있었다.
③ 쫓아가기만 해서 시들해졌다.　④ 굶주림에 지쳐있었다.

3 고구려 장군들이 수나라를 공격하자고 했을 때, 을지문덕 장군의 생각은 어떠하였나요? <u>잘못</u> 말한 것을 고르세요. ( )

① 섣불리 공격하는 것은 위험하다.
② 우리나라 군사는 많고 수나라 군사는 적다.
③ 단 한 번만 실수해도 나라가 망할 수 있다.
④ 적의 약점을 알아야 한다.

4 을지문덕 장군은 적의 약점을 알기 위해서 어떻게 하기로 하였나요? ( )

① 수나라 진영에 첩자를 보내기로 하였다.
② 수나라 군사를 한 명 포로로 잡아오기로 했다.
③ 장군이 직접 적의 진영에 가기로 하였다.
④ 장군끼리 만나기로 하였다.

 낱말공부

*길목 : 큰길에서 좁은 길로 들어가는 어귀
*피신 : 위험을 피하여 몸을 숨김
*유인 : 주의나 흥미를 일으켜 꾀어냄
*병법 : 군사를 지휘하여 전쟁하는 방법
*섣불리 : 솜씨가 서툴고 어설프게
*약점 : 모자라서 남에게 뒤떨어지거나 떳떳하지 못한 점
*진영 : 군대가 진을 치고 있는 곳

    장군은 적진으로 갈 때 거짓으로 *항복문서를 만들어 가지고 갔습니다.

    "항복하겠다고? 정말인가?"

    수나라 장군 우중문과 우문술은 너무나 기뻐서 항복문서를 쳐다보며 말했습니다. 을지문덕은 재빠르게 수나라 진영을 살펴보았습니다

    수나라 군사들은 기운이 하나도 없어 보였습니다. 피로와 배고픔에 지쳐있는 모습을 알 수 있었습니다.

    적장은 글만 가지고는 항복을 인정할 수 없으니 고구려왕이 직접 와서 무릎 꿇고 항복을 하라고 했습니다.

    "알겠소. 우리 왕께 그렇게 전하겠소."

    적의 약점을 파악한 을지문덕 장군은 서둘러 수나라 진영을 빠져나왔습니다.

다음 문제를 읽고 물음에 답하세요.

1 을지문덕 장군은 적진으로 가면서 무엇을 가지고 갔나요?

거짓 □□□□

2 우중문과 우문술은 항복문서를 보면서 어떻게 하였나요?

글만 가지고는 항복을 □□ 할 수 없으니, 고구려 왕이

직접 와서 □□ □□ 항복하라고 했다.

3 을지문덕 장군이 적진을 살펴보았을 때 적군의 상태는 어떠하였나요? <u>잘못</u> 말한 것을 찾아보세요. (   )

① 멀리 와서 몹시 지쳐있었다.   ② 식량도 부족해 굶주려 있다.
③ 기운이 하나도 없어 보였다.   ④ 승리로 사기가 높아졌다.

4 을지문덕 장군이 적으로부터 알아낸 것은 무엇인가요?

적의 □□

*항복 : 적이나 상대편의 힘에 눌리어 굴복함

 그리고 고구려 군사들 앞에 서서 말했습니다.
 "용감한 고구려 병사들이여! 조국의 운명이 여러분의 손에 달려있다! 수나라 병사들은 멀리 와서 몹시 지쳐 있고, 식량도 부족해 굶주려 있다. 따라서 적들은 성급하게 공격할 것이다. 이때를 놓치지 말고 침착하게 적을 유인한 뒤 공격하면 승리는 우리의 것이 될 것이다."
 을지문덕의 연설을 들은 고구려 군사들의 사기는 하늘을 찌를 듯 높았습니다.

 을지문덕 장군의 생각대로 적들은 성급하게 공격하기 시작했습니다. 을지문덕 장군은 하루에 일곱 번 싸워 일곱 번 ㉠져주는 방법으로 수나라군을 계속 *유인했습니다. 수나라 군대가 살수(지금의 청천강)를 건너 평양성 밖 30리 근처에 다다랐습니다. 을지문덕 장군이 적을 유인하기로 한 곳까지 수나라군이 온 것입니다.
 이때, 을지문덕은 우중문과 우문술에게 시 한 편을 지어 보냈습니다.
 이 시가 역사적으로 유명한 을지문덕 장군의 '*여 수장 우중문 시' 입니다.

 **낱말공부**

*유인 : 주의나 흥미를 일으켜 꾀어냄
*여 수장 우중문 시 : 을지문덕 장군이 수나라의 장수 우중문에게 보낸 한자로 쓴 시

다음 문제를 읽고 물음에 답하세요.

1 을지문덕 장군은 적군을 어떤 방법으로 유인했나요?

☐ ☐ 번 싸워 ☐ ☐ 번 져주는 방법

2 ㉠져주는의 반대의 뜻을 가진 낱말은 어느 것인가요? (　　)

① 실패하는　　② 승리하는
③ 공략하는　　④ 통달하는

3 을지문덕 장군이 적장 우중문에게 보낸 시의 이름은 무엇인가요?

☐ ☐ ☐　☐ ☐ ☐ 시

4 다음 문장에서 물건을 세는 단위로 알맞은 낱말에 ○ 해 보세요.

1) 을지문덕은 시 한 [장 , 편] 을 지어 보냈다.

2) 엄마가 예쁜 구두 한 [켤레 , 짝] 를(을) 사주셨다.

3) 꽃병에 장미 열 [송이 , 개] 가 꽂혀 있었다.

4) 강아지 세 [개 , 마리] 가 달려옵니다.

> 물건에 따라 세는 단위가 달라요.
> **시** : 편, **신발, 양말** : 켤레,
> **꽃** : 송이, **동물** : 마리,
> **나무** : 그루, **자동차** : 대
> 등 여러 가지가 있어요.

수나라 장군 우중문과 우문술이
*전술에 뛰어나고, 싸움을 잘해서
곳곳의 전쟁에서 승리해
이미 수많은 공을 세워
높은 벼슬까지 받았으니,
더 무엇을 원하느뇨?
이제 전쟁을 그치고
돌아가시오.

을지문덕 장군은 문무와 지략에 뛰어난 훌륭한 장군이었습니다.

이 시를 받아 본 우중문과 우문술은 지금까지 계속 이기고 고구려 깊숙이 들어온 것도 을지문덕 장군의 꾀라는 것을 알아차렸습니다.
"아, 고구려에 이렇게 지혜가 뛰어난 장군이 있었구나!"
한탄하면서 을지문덕 장군이 있는 한 아무리 군사가 많아도 승리하기 어렵다는 것을 깨달았습니다.

다음 문제를 읽고 물음에 답하세요.

1 시를 받아 본 수나라 장군은 무엇을 깨달았나요?
2개를 고르세요. (　　,　　)

① 고구려에 지혜가 뛰어난 장군이 있었구나.
② 우리(우중문, 우문술)는 역시 전술에 능하구나.
③ 을지문덕 장군이 있는 한 승리가 어렵겠구나.
④ 빨리 전쟁을 끝내야 되겠구나.

2 을지문덕 장군은 수나라 장군에게 뭐라고 했나요?

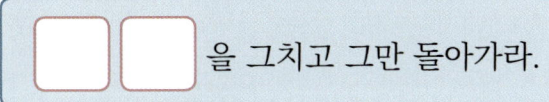
□□ 을 그치고 그만 돌아가라.

3 을지문덕 장군은 어떤 사람 이었나요? 2 개를 고르세요. (　　,　　)

① 지략이 뛰어나다.　　② 전쟁을 좋아한다.
③ 문무가 뛰어나다.　　④ 벼슬을 좋아한다.

> 뜻과 함께 낱말을 익혀야 해요.
> **틀리다** : 맞지 않다.
> **다르다** : 같지 않다.

4 다음 문장을 읽고 알맞은 낱말에 ○ 하세요.

1) 나와 내 사촌의 나이는 　틀리다. , 다르다.

2) 이 꽃과 저 꽃의 색깔이 　틀리다. , 다르다.

3) 답이 　틀렸어. , 달랐어.　 그 문제 정답은 3번이야.

 낱말공부

*전술 : 전투 상황에 대처하기 위한 기술과 방법

  수나라군은 ㉠<u>부랴부랴</u> 후퇴하기 시작했습니다.

  수나라 군대가 강 중간쯤 건너갈 때 을지문덕 장군은 대대적인 공격을 퍼부었습니다. 이 전쟁에서 30만의 수나라 대군이 거의 죽고, 살아 돌아간 병사는 겨우 2,700여 명이었습니다.

  이 싸움이 전쟁사에 길이 빛나는 '살수대첩'이랍니다. 고구려 공격에 온 힘을 쏟았던 수나라는 결국 ㉡<u>이 전쟁</u>에서의 *패배로 나라까지 *멸망하게 되었습니다. 고구려 사람들은 이 위대한 장군을 칭송하기 위해서 평양에 을지문덕 *사당을 지어놓고 제사를 지냈다고 합니다.

다음 문제를 읽고 물음에 답하세요.

1 수나라가 지금까지 계속 이기고 고구려 깊숙이 들어온 이유는 무엇인가요?

을지문덕 장군의 ☐

2 을지문덕 장군이 수나라의 군대와 싸워서 크게 이긴 전쟁의 이름은 무엇인가요?

☐☐ 대첩

'부랴부랴'는 빠르게 서두르는 모습을 흉내 내는 말입니다.

3 ㉠<u>부랴부랴</u> 와 같은 뜻이 **아닌** 것은 무엇인가요? ( )

① 빨리빨리 ② 서둘러
③ 느릿느릿 ④ 재빠르게

4 ㉡<u>이 전쟁</u>은 어떤 전쟁을 말하나요? ( )

① 살수대첩 ② 임진왜란
③ 청천대첩 ④ 청산리전투

5 이 이야기의 줄거리를 써 보고, 가족이나 친구들과 서로 토론해 보세요.

낱말공부

*계략 : 어떤 일을 이루기 위한 꾀나 수단
*패배 : 싸움에 짐
*멸망 : 망하여 없어짐.
*사당 : 조상의 신주를 모셔 놓은 집

다섯 번째 이야기

백제 건국과 온조 이야기

백제를 세운 온조는 주몽을 도와 고구려를 세운 *소서노의 아들입니다.

소서노는 졸본 부여 왕의 공주로 주몽과 함께 고구려를 세웠던 *여장부였어요.

소서노에게는 주몽과 결혼하기 전에 비류와 온조라는 두 아들이 있었습니다. 주몽이 소서노와 결혼하면서 주몽의 아들이 되어 왕자가 되었습니다.

형제는 장차 왕이 되면 고구려를 더욱 강한 나라로 만들겠다는 큰 뜻을 품고 있었습니다. 그러나 주몽이 부여에 있을 때 낳은 아들 유리가 고구려를 찾아왔습니다. 주몽은 유리에게 고구려의 *태자 자리를 물려주었습니다. 하루아침에 태자 자리를 빼앗긴 비류는 몹시 실망했습니다.

1 주몽과 함께 고구려를 세운 여장부는 누구인가요?

□□□

2 백제를 세운 온조는 누구의 아들인가요? (   )

① 주몽　　　　② 소서노
③ 해모수　　　④ 단군

3 비류와 온조 형제가 왕자가 되었을 때 품었던 큰 뜻은 무엇이었나요?

'□□□를 더욱 □□ 나라로 만들겠다!'

4 주몽은 고구려의 태자 자리를 누구에게 넘겨주었나요? (   )

① 온조　　　　② 비류
③ 유리　　　　④ 소서노

 낱말공부

*소서노 : 졸본 부여의 공주. 도망쳐온 청년 주몽과 함께 고구려를 세운 여장부. 비류와 온조라는 두 아들이 있었음
*여장부 : 남자처럼 굳세고 기개가 있는 여자
*태자 : 왕의 자리를 이을 왕의 아들

그리고 앞날이 불안했습니다.

"아, 태자 자리에서 밀려나고 말았구나! 나는 이제 고구려에서 무엇을 할꼬?"

그러자 온조가 말했습니다.

"형님! 그렇다면 차라리 어머니를 모시고 남쪽으로 내려가 새로운 나라를 세우는 것이 어떻겠습니까?"

"그래, 네 말이 옳다. 그렇게 하자."

마음을 정한 비류와 온조는 주몽 왕을 찾아갔습니다.

"유리가 태자가 되었으니, 우리 형제는 이제는 고구려에서 할 일이 없는 것 같습니다. 고구려를 떠나 남쪽으로 내려가 살 만한 땅을 찾아보겠으니 허락해 주세요."

두 형제의 뜻이 워낙 *확고해서 주몽 왕은 허락 하였습니다.

비류와 온조는 10명의 부하와 함께 남쪽으로 향했습니다. 수많은 백성이 비류와 온조의 뒤를 따랐습니다. 남쪽으로 내려가는 길은 멀고도 힘들었습니다. 다른 부족의 침략을 피해야 했고, *허허벌판에서 *모진 비바람과 살을 에는 추위와도 싸워야 했습니다.

그러나 비류와 온조는 오직 한 가지 목표인 새 나라를 세우겠다는 뜻을 가지고, 어떤 어려움도 참아가며 쉬지 않고 나라를 세울만한 땅을 찾아 남으로 남으로 내려갔습니다.

다음 문제를 읽고 물음에 답하세요.

1 비류가 태자 자리를 빼앗겨 실망하자, 온조는 어떻게 하자고 하였나요?
( )

① 유리를 죽이고 다시 태자 자리를 찾자.
② 유리를 도와 고구려를 강한 나라로 만들자.
③ 남쪽으로 내려가 새로운 나라를 세우자.
④ 어머니를 모시고 깊은 산 속으로 가자.

2 비류와 온조는 주몽에게 무엇을 허락해 달라고 했나요?

□□□ 를 떠나 남쪽으로 내려가 살만한 □ 을 찾아 보는 일

3 비류와 온조의 오직 한가지 목표는 무엇이었나요?

□□□ 를 세우겠다.

4 일이 일어난 원인과 결과가 자연스럽게 연결되도록 선으로 이어 보세요.

1) 두 형제의 뜻이 확고해서 •   • 감기에 걸렸다.

2) 비를 맞아서 •   • 허락 하였다.

낱말공부

*확고해서 : 태도나 뜻이 튼튼하고 굳다.
*허허벌판 : 끝없이 넓고 큰 벌판
*모진 : 몹시 매섭고 사나운

드디어 하늘이 푸르게 갠 어느 날, 그들은 한강에 다달았습니다. 눈앞에는 커다란 바위산이 우뚝 버티고 있었습니다.

비류와 온조는 부하들과 함께 삼각산에 올라 땅을 *두루 살펴보았습니다. 한강의 아름다운 풍경이 한눈에 들어왔습니다.

"아, 참으로 아름답구나! 드디어 우리가 살 땅을 찾은 것 같구나. 고생한 보람이 있어."

"한강의 남쪽에는 기름진 들판이 펼쳐져 있고, 동쪽은 *험준한 산이 둘러싸고 있습니다. 또한, 서쪽에는 바다가 있으니 적들이 쉽게 넘볼 수 없을 것입니다. 이곳에 *도읍을 정하고 나라를 세우면 좋을 것 같습니다."

온조는 기쁨에 차서 말했습니다.

다음 문제를 읽고 물음에 답하세요.

1 비류와 온조가 도착한 곳은 어디인가요?

2 온조가 "도읍지로 정하면 좋겠다."고 한 이유로 적당하지 <u>않은</u> 것은 어느 것인가요? (   )

① 한강 남쪽에는 기름진 들판이 펼쳐져 있다.
② 동쪽은 험준한 산으로 둘러싸여 있다.
③ 서쪽은 바다로 되어있다.
④ 땅이 기름져서 적들이 넘보기에 좋다.

3 비류와 온조가 올라가 나라를 세울 땅을 두루 살펴본 산 이름은 무엇인가요?

> 꾸며주는 말을 활용하면 언어생활을 풍부하게 할 수 있습니다.

4 보기에서 알맞은 말을 찾아 (   )안에 써넣으세요.

> 솜털처럼,   꽃처럼,   하늘만큼,   솜사탕처럼

1) (   ) 아름답다.   2) (   ) 달콤하다.
3) (   ) 높다.   4) (   ) 부드럽다.

*두루 : 빠짐없이 골고루   *험준한 : 산세가 험하며, 높고 가파른
*도읍 : 한 나라의 중앙 정부가 있는 곳

그러나 비류의 생각은 온조와 달랐습니다.

"내 생각은 다르다. 이곳은 땅이 좁고 사방이 높은 산에 가로막혀 있으니, 큰 나라를 세우기에 부족하다. 차라리 바닷길이 열려있고, 고기와 소금을 쉽게 얻을 수 있는 서해의 미추홀(지금의 인천 부근)이 한 나라의 *도읍으로 더 나을 것 같구나."

비류는 온조의 *만류를 뿌리치고 나라를 세우겠다며 떠났어요.

힘을 모아 함께 좋은 나라를 만들자고 굳게 *맹세했고, 수많은 고생을 참고 견디며 같이 왔던 형제는 결국 생각 차이로 헤어지게 되었습니다.

온조는 위례성(지금의 하남, 광주 일대)에 나라를 세우고, 나라 이름을 '10명의 부하가 따라와 도왔다'고 하여, '십제'라고 지었습니다. 온조의 생각대로 십제가 세워진 땅은 백성이 살기 좋은 곳이었습니다. 기름진 땅에는 곡식이 *풍성했고, 강에는 물고기들이 넘쳐났습니다. 주변의 부족들도 온조의 백성이 되기 위해 찾아들었습니다.

그러던 어느 날, 미추홀로 떠났던 비류의 백성이 뜻밖에도 십제로 찾아왔습니다.

"미추홀의 땅은 물기가 많아 농사를 지을 수 없고, 물맛 또한 몹시 짜서 마실 수가 없습니다. 더는 미추홀에 살 수 없어 십제의 백성이 되고자 찾아왔습니다."

비류를 따라갔던 백성이 겪은 고통은 이루 헤아릴 수가 없었습니다.

다음 문제를 읽고 물음에 답하세요.

1 비류가 미추홀에 나라를 세우자고 한 이유가 <u>아닌</u> 것은 어느 것인가요?
( )

① 바닷길이 열려있다.
② 고기를 얻기 쉽다.
③ 소금을 얻기 쉽다.
④ 사방이 높은 산으로 둘러싸여 있다.

2 온조는 어디에 나라를 세웠나요? ( )

① 미추홀(지금의 인천 부근) ② 위례성(지금의 하남, 광주 부근)
③ 개성   ④ 국내성

3 온조는 나라 이름을 처음에 무엇이라 지었나요? ( )

① 십제   ② 신라
③ 백제   ④ 고구려

4 미추홀로 떠났던 비류의 백성들이 왜 십제로 다시 돌아왔나요? 2가지를 골라 보세요. (,)

① 미추홀은 땅에 물기가 많아 농사를 지을 수 없다.
② 비류가 너무 괴롭혀서 살기가 어렵다.
③ 물맛 또한 몹시 짜서 마실 수가 없다.
④ 곡식이 풍성한 십제가 부러웠다.

낱말공부

*도읍 : 나라의 왕이 사는 도시
*맹세 : 일정한 약속이나 목표를, 꼭 실천하겠다는 다짐
*만류 : 붙들고 못 하게 말림.
*풍성 : 넉넉하고 많음

　온조는 백성을 따뜻하게 맞아 십제에서 살도록 하였습니다.

　이처럼 수많은 부족과 사람들이 따랐으므로 나라의 이름을 '십제'에서 '백제'라고 고쳤습니다.

　한편, 미추홀로 떠났던 비류는 온조와 함께하지 못한 자신의 잘못을 부끄러워하며 온조와 함께 나라를 세우기 위해 처음으로 올랐던 삼각산에 다시 올랐습니다. 발아래로 온조가 세운 백제가 끝없이 펼쳐졌습니다. 비류는 어리석었던 자신을 *한탄하며 스스로 목숨을 끊고 말았습니다.

　비류는 고구려 태자에서 물러나 새로운 나라를 만들겠다는 큰 꿈을 꾸었지만, 그 꿈을 이루지 못하고 죽은 왕자가 되었습니다.

　온조가 세운 백제는 그 후, 남쪽에 있던 마한을 물리치며 더욱 강한 나라가 되어 고구려, 신라와 함께 삼국시대를 열었습니다.

다음 문제를 읽고 물음에 답하세요.

1 온조는 나라의 이름을 무엇으로 바꾸었나요?

☐ ☐

2 온조는 어려운 가운데 나라를 세웠어요. ☐ 안을 채워보세요.

1) 온조는 오직 한 가지 목표인 ☐☐☐ 를 세우겠다는 뜻을 가지고, ☐☐☐ 참아가며 ☐☐☐ 않고 나라를 세울만한 땅을 찾아 끝까지 갔습니다.

2) 온조는 10인의 부하가 따라와 나라를 세웠다고 해서 나라 이름을 ☐☐☐ 라 했고, 나중에는 수많은 부족과 사람들이 따랐으므로 나라의 이름을 ☐☐☐ 라고 했다.

3 백성들이 떠나자 비류는 어떻게 하였나요? ( )

① 멀리 떠나버렸다.
② 온조를 미워하고 시기하였다.
③ 온조에게 미안하다고 사과하고 자신도 받아달라고 하였다.
④ 온조와 함께하지 못한 자신이 부끄러워 한탄하였다.

4 이 이야기의 줄거리를 써 보고, 가족이나 친구들과 서로 토론해 보세요.

*한탄 : 원통하거나 뉘우치는 일이 있을 때 한숨을 쉬며 탄식함

여섯 번째 이야기

백제의 멸망과 계백 장군 이야기

　신라가 당나라와의 *연합으로 세력을 키워가던 때, 백제 *의자왕은 나라를 잘 돌보지 않고 *사치와 *향락에 빠져 지내고 있었어요.
　백제 '무왕'의 첫째 아들인 '의자왕'은 왕이 되기 전에는 총명하고 용감한 왕자였어요.

　왕위를 이을 *태자로 정해진 후에는 '수사 제도'를 만들어 나라의 힘을 기르기 위해 '지혜와 무예 실력'을 갖춘 젊은이들을 훌륭한 장수로 키워 냈어요.
　계백 장군도 이 제도를 통해 장수가 되었습니다.

다음 문제를 읽고 물음에 답하세요.

1 신라가 당나라와의 연합으로 세력을 키워가던 때 백제 의자왕이 어떤 생활을 하였는지 **잘못** 말한 것은 어느 것인가요? (   )

① 사치를 좋아했다.
② 수사제도를 만들어 장수를 키워냈다.
③ 나라를 잘 돌보지 않았다.
④ 향락에 빠져 있었다.

2 '수사제도'란 무엇인가요?

> 나라의 힘을 기르기 위해 ☐☐ 와 ☐☐ 실력을 갖춘 젊은이들을 훌륭한 ☐☐ 로 키워 내는 제도

3 의자왕은 왕이 되기 전에는 어떤 왕자였나요? (   )

① 사치를 좋아했다.   ② 향락에 빠져 지냈다.
③ 놀기를 좋아했다.   ④ 총명하고 용감한 왕자였다.

4 백제에서 젊은이들을 훌륭한 장수로 키운 제도는 무엇이었나요?

☐☐ 제도

낱말공부

***연합** : 두 가지 이상의 사물이 서로 합동하여 하나의 조직체를 만듦
***의자왕** : 백제의 제31대 마지막 왕. 말년에 사치와 방탕에 빠져 660년에 나당 연합군에 항복하여 죽임을 당함
***사치** : 필요 이상의 돈이나 물건을 쓰거나 분수에 지나친 생활을 함   ***향락** : 쾌락을 누림

계백 장군은 *지략이 뛰어나고 *덕이 높았던 장군이었습니다.
660년 *황산벌에서 신라의 김유신이 이끄는 5만 군사를 맞아 불과 5천 명의 결사대로 맞서 싸웠지만 이미 기울어진 *전세를 되돌릴 수는 없었습니다.

그는 *전장에 나아가기에 앞서 "한 나라의 힘으로 나·당의 큰 군대를 당하니 나라의 운명을 알 수 없다. 내 가족이 잡혀 노비가 될지도 모르니 살아서 욕보는 것이 *흔쾌히 죽는 것보다 못할 것이다."라며 가족을 모두 죽이고 나라를 위해 목숨을 버릴 것을 다짐하였습니다.

다음 문제를 읽고 물음에 답하세요.

1 계백 장군은 어떤 장군이었나요? (   )

① 싸움을 좋아하는 장군
② 지략이 뛰어나고 덕이 높았던 장군
③ 책 읽기를 좋아했던 장군
④ 무섭고 엄했던 장군

2 계백 장군이 신라의 김유신 장군과 싸운 싸움은 무슨 전투인가요?

□□□ 전투

3 계백 장군은 전장에 나가기 전에 가족을 어떻게 했나요? (   )

① 다른 곳으로 피신을 시켰다.   ② 모두 죽였다.
③ 뿔뿔이 흩어졌다.   ④ 집에는 관심을 두지 않았다.

4 계백 장군은 전장에 나서면서 어떤 각오를 하였나요? (   )

① 항복해야겠다고 생각했다.
② 꼭 살아서 돌아오겠다고 다짐하였다.
③ 전쟁을 빨리 끝내야 하겠다고 생각하였다.
④ 나라를 위해 목숨을 버릴 각오를 하였다.

낱말공부

*지략 : 어떤 일이나 문제의 해결 대책을 능숙하게 세우는 뛰어난 슬기와 계략
*덕 : 공정하고 남을 넓게 이해하고 받아들이는 마음이나 행동
*황산벌 : 충청남도 논산시에 있었던 신라 때의 군·국방상 요지로 금강 북쪽의 논산평야 일부를 차지하는 곳
*전세 : 전쟁, 경기 따위의 형세나 형편
*전장 : 싸움을 치르는 장소(전쟁터)
*흔쾌히 : 기쁘고 유쾌하게. 기꺼이

또한, 병사들에게도
"옛날 월나라 왕 구천은 5,000명으로 오나라 왕 부차의 70만 대군을 무찔렀다. 오늘 우리도 각자 열심히 싸워 승리로 나라의 은혜에 보답하자."
라고 격려하였습니다.

계백 장군과 나라를 위해 죽음을 각오한 결사대 5,000명은 처음에는 연합군과의 네 번에 걸친 싸움에서 모두 승리를 거두었습니다.
그러나 *반굴, *관창 등 신라 화랑의 죽음으로 사기가 오른 연합군의 대군과 싸우기에는 그 수가 턱없이 부족하였습니다.
결국, 백제군은 패하고 계백은 장렬한 최후를 마쳤습니다.
황산벌 전투에서 패배한 백제는 서기 660년 신라와 당나라의 연합군에 의해 멸망하고 말았습니다.

나라를 구하기 위해 목숨을 버린 계백의 이러한 *충절은 후대인들의 높은 *칭송의 대상이 되었으며, 특히 조선 시대의 유학자들에게는 충절의 표본으로 여겨졌습니다.

*반굴 : 가야의 왕족 출신으로 신라의 화랑
*관창 : 신라 태종 무열왕 때의 화랑
*충절 : 충성스러운 절개
*칭송 : 칭찬하여 일컬음

다음 문제를 읽고 물음에 답하세요.

1 백제군의 상황은 어떠하였나요?

　　☐☐ , ☐☐ 등 신라 화랑의 ☐☐ 로 사기가 오른 연합군의 대군과 싸우기에 수가 턱없이 ☐☐ 하였다.

2 백제는 언제 멸망하였나요?

　　서기 ☐☐☐☐ 년

3 백제는 어느 나라에 의해 멸망하였나요?

　　☐☐ 와 ☐☐☐ 의 연합군

> '빗다'와 '빚다'의 차이
> **'빗다'** : '빗'으로 고르다,
> **'빚다'** : 가루 반죽을 이용하여 어떤 모양을 만들다

4 다음 문장에 어울리는 낱말을 찾아 ○표 하세요.

1) 온 가족이 둘러앉아 송편을 빗습니다. / 빚습니다.

2) 학교에 가기 전에 머리를 예쁘게 빗습니다. / 빚습니다.

일곱 번째 이야기

신라 건국과 박혁거세 이야기

　어느 따뜻한 봄날, 하늘이 유난히 파랗고 맑아 뭔가 좋은 일이 일어날 것만 같은 날이었습니다.
　"참 좋은 날이야."
　고허촌의 *촌장 소벌공은 혼잣말을 하며 하늘을 쳐다보고 있었습니다. 그때 멀리 *산기슭에서 신비한 빛이 번쩍이고 있는 것을 발견했습니다. 소벌공이 빛이 나는 기슭에 이르자 우물가에서 말 울음소리가 들려왔습니다. 소벌공은 눈앞에 펼쳐진 광경에 깜짝 놀랐습니다.

　눈부신 흰 말이 신비로운 빛에 싸인 알을 앞에 두고 고개를 끄떡이며 절을 하는 것 같았습니다.
　소벌공이 문득 정신을 차려 보니 하얀 말은 어느새 연기처럼 사라지고 우물가에는 큰 알만 놓여 있었습니다.

다음 문제를 읽고 물음에 답하세요.

1 소벌공이 빛이 나는 우물가에 가보니 무엇이 있었나요?

눈부신 ☐ ☐

2 소벌공은 어떤 광경을 보고 깜짝 놀랐나요?

> 눈부신 ☐ ☐ 이 신비로운 빛에 싸인 ☐ 을 앞에 두고, 고개를 끄떡이며 ☐ 을 하는 것 같았다.

3 소벌공이 정신을 차렸을 때, 흰말이 사라진 자리에는 무엇이 있었나요? ( )

① 망아지   ② 사내아이
③ 큰 알   ④ 여자아이

4 다음 문장에서 바르게 쓴 낱말에 ○ 하세요.

1) 촌장은 신비한 빛에 [싸인 ( ) / 쌓인 ( )] 알을 발견했습니다.

2) 흰 눈이 [싸인 ( ) / 쌓인 ( )] 산길을 걸어갑니다.

> '쌓이다'와 '싸이다'의 차이
> **'쌓이다'** : 물건을 포개어 얹다.
> **'싸이다'** : 물건을 가리거나 막다.

 낱말공부

*촌장 : 마을의 우두머리
*산기슭 : 산의 비탈이 끝나는 아랫부분

　소벌공은 알을 조심스럽게 깨뜨렸습니다. 알 속에서는 *예사롭지 않아 보이는 사내아이가 나왔습니다. 소벌공은 맑은 물로 아이의 몸을 정성스레 씻겼습니다. 그러자 아이의 몸에서는 *찬란하고 눈 부신 빛이 쏟아졌습니다.

　소벌공은 이 신비한 이야기를 여섯 마을의 촌장들에게 자세히 이야기한 후 촌장들에게 말했습니다.

"그동안 우리는 여섯 마을로 나뉜 채 아직도 나라를 세우지 못하였소. 이는 *덕망있는 왕을 찾지 못했기 때문이오. 여러 촌장과 함께 왕으로 모실 사람을 찾아보았으나 지금까지 찾지 못하였소. 이 아이는 하늘이 우리의 뜻을 알고 보내신 것이 틀림없는 것 같소. 장차 훌륭한 왕이 될 것으로 생각합니다. 이 아이를 잘 키워보는 것이 어떻겠소?"

"소벌공의 말이 옳소. 이 아이는 하늘이 보낸 것 같으니 하늘의 뜻에 따라 이 아이를 훌륭하게 키워봅시다."

여섯 마을의 촌장들은 모두 기쁜 마음으로 찬성했습니다.

　아이는 자랄수록 영리하고 행동이 반듯했습니다.

　알의 모양이 '*박'을 닮았다고 해서 아이의 성은 '박'씨로 하기로 했습니다. 그리고 이름은 빛나고 번쩍이는 빛을 띠었다 하여 '혁거세'라 지었습니다.

　아이가 열세 살이 되었을 때, 여섯 마을의 촌장들은 다시 모여 박혁거세를 왕으로 받들기로 하고 앞날을 의논했습니다.

다음 문제를 읽고 물음에 답하세요.

1 알을 깨뜨리자 무엇이 나왔나요? (   )

① 망아지   ② 사내아이   ③ 병아리   ④ 여자아이

2 아이를 맑은 물로 씻기자 아이는 어떻게 변했나요?

> 아이의 몸에서는 ☐☐ 하고 눈부신 ☐ 이 쏟아졌다.

3 여섯 마을은 왜 나라를 세우지 못했다고 했나요? (   )

① 여섯 마을이 서로 뜻이 맞지 않아서
② 덕망 있는 왕을 찾지 못해서
③ 서로 왕이 되려고 싸워서
④ 땅이 너무 좁아서

4 아이의 성은 왜 박씨가 되었나요?

> ☐ 의 모양이 ☐ 을 닮았다고 해서

5 '빛나고 번쩍이는 빛을 띠었다.' 하여 붙여진 이름은 무엇인가요?

☐☐☐

낱말공부

*예사롭다 : 보통, 평범하다
*덕망있는 : 덕이 있는 행동으로 존경받을 만한
*찬란하고 : 빛이 번쩍거리거나, 수많은 불빛이 빛나고
*박 : 호박처럼 생긴 넝쿨 식물

그리고 여섯 촌장은 좋은 여자를 찾아 왕비로 맞이하자고 했어요.

그러던 어느 날, 한 할머니가 예쁜 여자아이를 데리고 촌장들을 찾아와 말했어요.

"알영정이란 우물이 있는데 하루는 닭 머리 모양을 한 용 한 마리가 나타났습니다. 그때 우레 같은 천둥소리와 신비로운 빛이 쏟아지더니 그 용의 오른쪽 옆구리에서 예쁜 여자아이가 태어났습니다. 그래서 이 아이의 이름이 '알영'이라고 합니다. 아무리 보아도 평범한 아이 같지 않아 촌장님들께 데려왔습니다."

알영은 한㉠눈에 보아도 보통 아이가 아니었어요.

다음 문제를 읽고 물음에 답하세요.

1 알영은 어디에서 태어났나요?

> ☐ 머리 모양을 한 ☐ 의 오른쪽 옆구리에서

2 ㉠의 눈과 뜻이 다른 것은 어느 것인가요? ( )

① 은솔이는 눈이 초롱초롱하다.
② 엄마가 사랑스러운 눈으로 나를 보셨다.
③ 하얀 눈이 소복소복 내렸다.
④ 눈이 좋아서 멀리 있는 것도 잘 보인다.

3 여자아이의 이름을 왜 알영이라고 했나요? ( )

① 용의 오른쪽 옆구리에서 태어나서
② 용이 닭머리를 하고 있어서
③ 알 모양을 닮아서
④ 신비로운 빛이 쏟아져서

4 다음 글을 읽고 알맞은 낱말을 골라 써보세요.

집   댁

1) 할머니 ☐ 에 다녀왔습니다.

2) 친구 ☐ 에서 신나게 놀았습니다.

3) 우리 ☐ 에는 4식구가 살고 있습니다.

'높임말'이란 윗사람이나 어른께 쓰는 표현이예요.
밥 : **진지**, 집 : **댁**, 나이 : **연세**, 병 : **병환**, 말 : **말씀** 등으로 표현합니다.

　알영의 몸에서는 신비스럽고 *고귀한 기운이 흘러나오고 있었어요.
　"알영이야말로 우리가 애타게 찾던 왕비 감이 틀림없소!"
　촌장들은 한결같은 목소리로 말했습니다. 촌장들과 백성들은 한마음으로 혁거세와 알영을 결혼시키기로 하였습니다. 박혁거세는 알영을 왕비로 맞았고, 여섯 마을을 하나로 모아 나라를 세웠습니다. 나라 이름을 '서라벌'이라고 하고, 수도를 '금성'으로 하여 나라의 *기틀을 튼튼히 했습니다.

　이때가 *기원전 57년입니다.
　박혁거세는 왕비와 함께 나라 곳곳을 다니면서 백성들의 살림을 살펴보고 농사와 *누에치기를 장려하여, 백성이 잘살 수 있도록 해 주었습니다.

　이 서라벌이 훗날 고구려, 백제와 함께 삼국시대를 이루고 삼국을 통일한 신라입니다.

*고귀한 : 훌륭하고 귀중한
*기틀 : 어떤 일의 가장 중요한 계기나 바탕
*기원전 : 기원 원년 이전. 주로 예수가 태어난 해를 원년으로 하는 서력기원을 기준으로 하여 이름
*누에치기 : 누에를 기름

다음 문제를 읽고 물음에 답하세요.

1 박혁거세는 나라 이름을 무엇이라 정하였나요? (   )

① 신라　　　　　　　② 금성
③ 백제　　　　　　　④ 서라벌

2 박혁거세는 수도를 어디로 정하였나요? (   )

① 금성　　　　　　　② 서라벌
③ 경주　　　　　　　④ 개성

3 박혁거세는 어떻게 백성들을 잘살게 하였는지 **잘못** 말한 것은 어느 것인가요? (   )

① 나라 곳곳을 다니면서 백성들의 살림을 살펴보았다.
② 농사를 장려했다.
③ 누에치기를 장려하였다.
④ 세금을 걷지 않았다.

4 삼국시대에서 삼국(세 나라)은 어디인가요?

☐☐☐ , ☐☐ , ☐☐

여덟 번째 이야기

화랑과 화랑도 이야기

　신라 진흥왕은 *인재를 뽑는 방법으로 *화랑제도를 만들었습니다.
　화랑들을 무리 지어 함께 놀게 한 다음 행동을 관찰하여 그 속에서 쓸 만한 인재를 발굴하려는 목적으로 만들었지요.
　잘생긴 남자들을 뽑아 곱게 꾸며서 '화랑'이라 부르고 떠받들게 한 것이 화랑 제도의 시작이었습니다.
　*명문가의 용모 단정한 사내아이를 화랑으로 선발했고, 그렇게 선발된 화랑은 고귀한 존재로 떠받들어졌으며, 그를 따르는 이들로 구성된 집단을 만들었습니다.

다음 문제를 읽고 물음에 답하세요.

1 신라 진흥왕 때의 인재를 뽑는 방법은 무엇인가요? (   )

① 과거제도　　　　② 화랑제도
③ 원화제도　　　　④ 성균관제도

2 화랑의 선발기준은 무엇 무엇이었나요? (,   )

① 학문　　　　　　② 용모(얼굴 생김새)
③ 가문　　　　　　④ 재산

3 화랑제도는 어느 나라에 있었나요? (   )

① 신라　　　　　　② 백제
③ 고구려　　　　　④ 조선

4 다음 □안에 공통으로 들어갈 낱말은 무엇인가요? (   )

- 글씨를 □
- 모자를 □
- 고운 말을 □

① 그리다.　　　　② 가지다.
③ 쓰다.　　　　　④ 아끼다.

낱말공부

*화랑제도 : 신라 때의 인재 양성제도
*명문가 : 훌륭한 집안
*인재 : 어떤 일을 할 수 있는 학식이나 능력을 갖춘 사람

> **화랑의 세속오계**
> '원광법사'가 화랑이 지켜야 할 다섯가지 계율을 만들었어요.
> · 임금에게는 충성하고 **(사군이충)**
> · 부모에게는 효도하고 **(사친이효)**
> · 전쟁에 나가서 물러서지 않으며 **(임전무퇴)**
> · 믿음으로 친구를 사귀며 **(교우이신)**
> · 함부로 살생을 하지 말라 **(살생유택)**

　화랑은 전국의 산과 들을 돌아다니며 도덕을 익히고 무예를 배웠으며, 나라에서는 그중에서 뛰어난 인재를 뽑아 *등용했습니다.

　이렇게 화랑이 되어 등용된 인재들은 투철한 *충성심과 올바른 행동으로 타인의 모범이 되었습니다.

　화랑은 '집에서는 부모에 효도하고, 벼슬하면 나라에 충성하였으며, 벗을 사귈 때에는 믿음으로써 사귀고, 싸움에 임해서는 물러남이 없어야 하고, 산 것을 죽일 때는 가려야 한다.'는 다섯 가지의 *계율을 지켰습니다. 이 다섯 가지의 계율을 '*세속오계'라고 합니다.

　사다함, 관창 등 화랑들은 백제나 고구려와의 전쟁에서 신라가 삼국통일을 이루는데 큰 공을 세웠습니다.

　이러한 화랑도의 정신은 '육군 사관학교'를 통해 오늘날까지 이어지고 있습니다.

다음 문제를 읽고 물음에 답하세요.

1 화랑들이 하는 일이 **아닌** 것은 어느 것인가요? (   )

① 산과 들을 돌아다니며 무예를 배웠다.
② 부모에 효도하고 나라에 충성하였다.
③ 주로 전쟁에 나가 싸웠다.
④ 세속오계의 계율에 따라 살았다.

2 신라가 삼국통일을 이루는데 큰 공을 세운 대표적인 화랑은 누구누구인가요?

☐☐☐ 과 ☐☐

3 다음 □안에 알맞은 말을 본문에서 찾아 써보세요.

1) 자식들이 부모님을 공경하고 잘 섬기는 도리 : ☐☐

2) 나라나 임금을 위해 몸과 마음을 다함 : ☐☐

4 다음 성격에 어울리는 인물에 ○ 표 하세요.

• 정직하다.   • 착하다.

1) 찬호는 악한 일을 하지 않고, 거짓말도 하지 않았다. (   )
2) 진우는 눈을 부릅뜨고 소리를 쳤다. (   )

낱말공부

*등용 : 인재를 뽑아서 씀   *충성심 : 임금이나 국가에 대하여 진정으로 우러나오는 정성스러운 마음
*계율 : 지켜야 할 규범

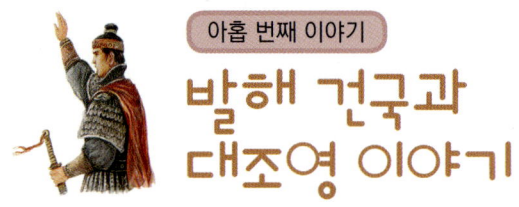

아홉 번째 이야기

발해 건국과 대조영 이야기

  서기 668년 고구려가 멸망했습니다.
  고구려를 멸망시킨 당나라는 고구려 땅에 *안동도호부를 설치해 다스렸습니다.
  또한, 당나라는 고구려 *유민 2만 8천여 명을 중국 땅으로 *강제로 *이주시켰습니다.
  고구려 사람들은 나라 잃은 *설움을 안고 뿔뿔이 흩어져 살게 되었습니다.
  이때 대조영도 그의 아버지인 걸걸중상과 함께 요서 지방의 영주 땅으로 옮겨 살게 되었습니다. 당시 영주 땅은 당나라가 다른 민족을 다스리기 위해 만든 도시였습니다.

다음 문제를 읽고 물음에 답하세요.

1 고구려는 몇 년도에 멸망했나요? (   )

① 서기 666년 ② 서기 667년
③ 서기 668년 ④ 서기 669년

2 당나라에 의해 뿔뿔이 흩어진 고구려 유민 중 대조영은 어디로 옮겨서 살게 되었나요? (   )

① 영주 ② 나주
③ 상주 ④ 광주

3 영주 땅은 어떤 도시인가? (   )

① 당나라가 다른 민족을 다스리기 위해 만든 도시
② 당나라 귀족들이 사는 도시
③ 당나라 서민들이 사는 도시
④ 당나라가 다른 민족을 돕기 위해 만든 도시

4 대조영의 아버지 이름은 무엇인가요?

☐ ☐ ☐ ☐

낱말공부

***안동도호부** : 고구려 멸망 후, 당나라가 고구려의 옛 땅에 설치한 최고 군정 기관
***유민** : 망하여 없어진 나라의 백성
***강제** : 권력이나 힘으로 남의 자유의사를 억눌러 원하지 않는 일을 억지로 시킴.
***이주** : 본래 살던 곳에서 다른 곳으로 거처를 옮김.
***설움** : 서럽게 느껴지는 마음

　이곳에는 고구려 유민을 비롯하여 말갈인과 거란인 등 여러 민족이 함께 살게 되었습니다.
　당나라 사람들은 다른 나라 사람들을 *무시하고 함부로 대했습니다. 이를 견디다 못한 걸걸중상과 그의 아들 대조영은 고구려 유민들을 모아서 당나라와 싸우기로 했습니다. 그리고 말갈족의 장군인 걸사비우를 찾아갔습니다.
　"당나라 밑에서 노예처럼 살 수 없소. 우리 힘을 합쳐 당나라와 싸워 자유를 찾읍시다."
　"좋소. 함께 싸웁시다."

　그리하여 대조영과 그의 아버지는 말갈세력과 손을 잡고 당나라군과 싸워서 크게 이겼습니다. 힘이 점차 강해지자 당나라는 당황하기 시작했습니다. 드디어 당나라는 대군을 보내 공격했습니다. 이 공격으로 말갈의 장군 걸사비우가 죽고, 대조영의 아버지 걸걸중상도 당나라군에 쫓겨 다니다가 죽었습니다.
　걸걸중상은 죽어가면서 아들 대조영에게 *유언을 남겼습니다.
　"아들아, 너의 몸속에는 자랑스러운 고구려의 피가 흐르고 있다. 꼭 고구려의 옛 땅을 다시 찾도록 하여라. 그리고 고구려 유민들을 옛 고구려 땅으로 돌려보내도록 하여라."
　"예, 아버지 말씀대로 꼭 옛 고구려 땅을 다시 찾겠습니다. 고구려 유민들을 잘 돌보도록 하겠습니다."

다음 문제를 읽고 물음에 답하세요.

1 당나라 사람들은 다른 나라 사람들을 어떻게 대했나요? (   )

　① 친절하게 대해 주었다.　　② 무시하고 함부로 대했다.
　③ 친구처럼 대했다.　　　　④ 손님 대하듯이 다정하게 대했다.

2 대조영과 그 아버지는 누구와 손을 잡았나요? (   )

　① 거란족　　　　　　　　　② 백제
　③ 말갈족　　　　　　　　　④ 신라

3 대조영의 아버지가 대조영에게 한 유언이 <u>아닌</u> 것은 무엇인가요? (   )

　① 너의 몸속에는 자랑스러운 고구려의 피가 흐르고 있다.
　② 고구려의 옛 땅을 되찾도록 하여라.
　③ 고구려 유민들을 옛 고구려 땅으로 돌려보내도록 해라.
　④ 그만 당나라에 항복하여라.

4 아버지의 유언을 들은 대조영은 어떤 결심을 하였나요? (   )

　① 당나라군에 항복하기로 하였다.
　② 옛 고구려 땅을 다시 찾기로 하였다.
　③ 고구려로 돌아가기로 하였다.
　④ 말갈세력이 되기로 하였다.

낱말공부

*무시 : 사람을 깔보거나 업신여김
*유언 : 죽음에 이르러 남기는 말

　대조영은 아버지의 유언을 가슴에 깊이 새기고, 말갈족과 고구려 유민들로 군대를 새롭게 조직하였습니다.
　말을 사고 병사들을 많이 모아 강하게 훈련했습니다. 그리고 고구려 유민과 말갈족을 차별하지 않고 평등하게 대우해 힘을 모았습니다. 드디어 대조영은 당나라군을 몰아내고 만주 지역에 있는 동모산(지금의 길림성 돈화성 부근에 있는 육정산)에 자리잡은 다음 나라를 세웠습니다.

　나라 이름은 '발해'라고 하고 연호를 '천통'이라 하였습니다. 그리고 대조영은 고구려유민과 말갈족에게 말했습니다.
　"나는 고구려 유민이오. 말갈족과 우리는 힘을 합해 당나라군을 몰아냈소. 이 발해는 바로 여러분이 세운 나라요. 고구려 유민과 말갈족을 차별하지 않고 *능력에 따라 똑같이 *대우할 것이오. 서로 싸우지 말고 함께 힘을 모아 고구려와 같은 위대한 나라를 만들어 나갑시다."
　"발해 만세!, 대조영 장군 만세"
　고구려유민과 말갈족 모두 함께 기뻐했습니다.
　대조영은 고구려 유민과 말갈족의 *지지를 받아 왕이 되었습니다.
　왕이 된 대조영은 고구려의 옛 땅을 찾기 위해 노력하며 나라의 기틀을 잡아갔습니다.

다음 문제를 읽고 물음에 답하세요.

1 대조영은 어디에 정착하여 나라를 세웠나요?

만주 지역의 ☐☐☐

2 대조영이 세운 나라의 이름과 연호를 써보세요.

나라 이름 : ☐ 　　연호 : ☐

3 대조영은 발해를 세운 후 고구려 유민과 말갈족을 어떻게 대했나요? ( )

① 고구려인을 우대했다.
② 말갈족을 더 우대해 주었다.
③ 말갈족을 무시해버렸다.
④ 차별하지 않고 능력에 따라 똑같이 대했다.

발해의 유물들을 보면, 발해가 고구려를 계승한 나라임을 알 수 있어요.

4 대조영은 왕이 된 후 어떤 노력을 하였나요?

☐☐☐ 의 옛 땅을 찾기 위해 노력하였다

 **낱말공부**

*능력 : 일을 감당해 내는 힘
*대우 : 예의를 갖추어 대하는 일
*지지 : 어떤 사람의 정책·의견 따위에 찬동하여 이를 위하여 힘을 씀

생각을 키워주는 한국의
역사 이야기 상

열 번째 이야기
고려 건국과
고려 태조 왕건 이야기

열한 번째 이야기
거란의 침입과
서희의 담판 이야기

열두 번째 이야기
거란의 3차 침입과
강감찬 이야기

열 번째 이야기

고려 건국과 고려 태조 왕건 이야기

신라는 말기에 이르러 *내분과 *부패 등으로 힘이 약해지기 시작하자, 각 지방에는 힘 있는 *호족들이 땅을 차지하기 시작했습니다. 점차 백성들의 생활은 어려워졌고 *끼니조차 해결하기 어려웠습니다.

이런 가운데 세금까지 너무 많이 올리자 여기저기서 *반란이 일어났습니다.

옛 백제 땅에서는 견훤이 백제의 뒤를 잇겠다며 후백제를 세웠고, 궁예는 고구려를 잇겠다며 동북쪽에 후고구려를 세웠습니다.

911년, 나라 이름을 후고구려에서 태봉으로 바꾼 궁예는 자신을 세상을 구할 미륵불이라 말하며 권력을 마음대로 휘둘렀습니다.

"나는 미륵불이다. 나는 사람의 마음을 꿰뚫어보는 *관심법을 알고 있기 때문에 어떤 사람이든지 그 마음을 다 알 수 있다. 나에게 충성을 하지 않고 딴생각을 하는 사람은 모두 죽이겠다."

다음 문제를 읽고 물음에 답하세요.

1 후백제를 건국한 사람은 누구인가요?

☐ ☐

2 후고구려를 건국한 사람은 누구인가요?

☐ ☐

3 통일신라 때 지방의 힘 있는 사람을 무엇이라 했나요? (   )

① 귀족　　　　　　② 호족
③ 왕족　　　　　　④ 양반

4 궁예는 자신을 스스로 무엇이라고 했나요? (   )

① 부처님　　　　　② 예수님
③ 공자님　　　　　④ 미륵불

5 궁예는 나라 이름을 어떻게 바꾸었나요?

☐ ☐ ☐ ☐ → ☐ ☐

 낱말공부

*내분 : 특정 조직이나 단체의 내부에서 자기편끼리 일으킨 분쟁
*부패 : 정치, 사상, 의식 따위가 타락함
*반란 : 정부나 지도자에 반대하여 내란을 일으킴
*관심법 : 상대의 마음과 생각을 꿰뚫어 보는 방법
*호족 : 재산이 많고 세력이 큰 집안
*끼니 : 아침, 점심 같은 식사

　이렇게 사람들을 의심하고 다그치자 온 나라는 두려움에 떨었습니다. 궁예의 눈 밖에 나면 누구든지 관심법에 따라 죽임을 당했습니다. 대신들도 꼼짝 못했습니다. 말을 잘못하면 대신들이나 장군들도 마구 죽였습니다.
　궁예는 부인이 관심법으로 다스리는 점에 대한 잘못을 이야기하자, 부인도 죽였습니다. 그리고 이를 말리는 두 아들마저 죽였습니다. 견디다 못한 대신들과 장군들이 은밀히 왕건을 찾아갔습니다.

　당시 왕건은 궁예의 밑으로 들어가 많은 공을 세우고 최고의 관직이었던 *시중의 벼슬에 있었습니다. 왕건은 사람이 좋고 ㉠넓은 마음을 가지고 있었기 때문에 많은 사람이 따르고 존경하고 있었습니다. *대신들과 장군들이 말했습니다.
　"궁예는 미친 것이나 ㉡다름이 없습니다. 더는 그에게 나라를 맡길 수 없습니다. 이대로 가면 많은 사람이 죄 없이 죽고 끝내 나라가 망할것입니다. 이 나라를 구하고 이끌 사람은 시중 대감뿐입니다!"
　"안될 말입니다. 어찌 신하 된 사람으로서 모시던 임금을 배반할 수 있겠소?"
　"나라가 망하고 많은 백성이 고통을 겪고 있는 마당에 *의리가 우선은 아니지 않습니까?"
　대신들과 장군들이 이대로 있을 수 없다며 거듭 왕건이 앞장 서줄 것을 요구하였습니다.

다음 문제를 읽고 물음에 답하세요.

1. 궁예가 권력을 휘두르기 위해 사용했던, 마음을 꿰뚫어 보는 방법을 무엇이라 하나요? (   )

   ① 심리법　　　　　　② 예측법
   ③ 관심법　　　　　　④ 최면법

2. ㉠<u>넓은</u>을 바르게 읽은 것은 어느 것인가요? (   )

   ① 널븐　　　　　　　② 널은
   ③ 너븐　　　　　　　④ 넓은

3. 사람들이 왕건을 따르고 존경하는 이유는 무엇인가요?

   | 사람이 좋고 □□ □□ 을 가지고 있어서 |

4. ㉡<u>다름이 없습니다</u>는 무슨 뜻인가요? (   )

   ① 다르다.　　　　　　② 같다.
   ③ 다를 수도 있다.　　④ 같을 수도 있다.

낱말공부

*시중 : 고려 초기에, 서경에 설치한 낭관의 으뜸 벼슬.
*대신 : 군주 국가에서 '장관'을 이르는 말.
*의리 : 사람으로서 마땅히 지켜야 할 도리

마침내 왕건이 말했습니다.

"여기 계신 여러분의 생각이 모두 똑같소?"

"예, 그렇습니다."

"그렇다면 제가 앞장서겠습니다. 이 시간 이후부터 우리 모두 한마음으로 위대한 고구려의 뒤를 이을 새로운 나라를 같이 만들어 나갑시다."

이렇게 왕건은 궁예를 몰아내고 나라를 세우게 되었습니다.

왕건은 개성의 유명한 호족 집안에서 태어났습니다.

일찍이 유명한 *도선 스님 밑에 들어가 *병법과 무술을 배웠습니다.

당시는 신라 말기로 나라가 매우 어려운 때였습니다. 관리들은 부패했고, 권력을 차지하기 위해 서로 무리를 지어 싸우기도 했습니다. 백성들은 너무 많은 세금 때문에 굶주리고, 도둑이 일어나 민심이 매우 나빴습니다.

1 왕건에게 왕이 되어 달라고 부탁한 사람들은?

☐☐ 들과 ☐☐ 들

2 신라 말기 나라의 상황은 어떠했나요? **잘못** 말한 것을 찾아보세요. (   )

① 관리들은 부패했다.
② 권력을 차지하기 위해 무리 지어 싸웠다.
③ 백성들은 세금을 적게 내게 되어 좋아했다.
④ 도둑이 일어나 민심이 매우 나빴다.

3 왕건은 어떤 나라를 만들자고 하였나요? (   )

① 고구려의 뒤를 이을 새로운 나라
② 궁예의 뒤를 이을 새로운 나라
③ 태봉의 뒤를 이을 새로운 나라
④ 발해의 뒤를 이을 새로운 나라

4 왕건은 도선 스님 밑에 들어가 무엇을 배웠나요?

☐☐ 과 ☐☐

낱말공부

***도선 스님** : 왕건을 도와 고려를 건국한 스님
***병법** : 군사를 지휘하여 전쟁하는 방법
***횡포** : 도리를 모르며 멋대로 굴고 몹시 난폭함

　왕건은 배고픔과 관리들의 횡포에 시달리는 백성들을 보고만 있을 수 없었습니다. 그래서 후고구려를 세운 궁예의 부하로 들어갔습니다. 왕건이 여러 싸움에서 이기고 큰 공을 세워 최고의 관직이던 시중의 자리에 올랐을 때가 바로 이때였습니다.
　궁예를 몰아낸 왕건은 대신과 장군들에게 말했습니다.
　"이제부터 과거의 잘못된 것을 모두 고치고 백성이 편안하게 잘 살 수 있는 나라를 만듭시다."
　모든 백성은 왕건이 새로운 지도자가 된 것을 기뻐했습니다.
　918년, 왕건은 나라 이름을 '고려'로 바꾸었습니다. 이것은 고려가 고구려를 잇는 나라인 것을 밝히고자 하는 뜻이었습니다.
　왕건이 왕위에 오른 뒤, 고려의 힘은 더욱 막강해졌습니다.

　후백제와 고려 사이에서 나라의 운명을 놓고 고심하던 신라의 마지막 왕인 경순왕은 마침내 나라를 왕건에게 바치고 항복했습니다.
　이때가 935년이었습니다.
　끝까지 항복을 거부했던 신라의 *마의태자는 금강산으로 들어가 베옷을 입고 *푸성귀만을 먹으며 삶을 마쳤습니다. 왕건은 *한반도의 주도권을 놓고 후백제와 수많은 전투를 치렀습니다. 왕건은 신라의 항복을 받아낸 다음 해인 936년에 후백제를 멸망시켰습니다.
　왕건은 마침내 후삼국을 통일하여 한반도에 새로운 통일 국가를 세웠습니다.

다음 문제를 읽고 물음에 답하세요.

1 왕건은 어떤 나라를 만들겠다고 하였나요? (   )

① 부강한 나라
② 대신들이 편안하게 사는 나라
③ 백성들이 편안하게 잘살 수 있는 나라
④ 왕권이 강한 나라

2 신라의 마지막 왕으로 나라를 왕건에게 바치고 항복한 왕은 누구인가요?

☐ ☐ ☐

3 마지막까지 항복하지 않고 금강산으로 들어간 신라의 마지막 왕자는 누구인가요? (   )

① 마의태자   ② 경순왕   ③ 견훤   ④ 궁예

4 왕건은 나라 이름을 무엇이라고 지었나요? (   )

① 태봉   ② 후백제   ③ 고려   ④ 후고구려

5 왕건은 나라 이름을 왜 '고려'라고 하였나요?

☐☐☐ 를 잇는 나라인 것을 밝히고자 하는 뜻에서

낱말공부

*마의태자 : 신라의 마지막 임금인 경순왕의 아들
*푸성귀 : 채소나 풀
*한반도 : 우리나라 국토를 포함하는 바다 쪽으로 이어진 땅

열한 번째 이야기

거란의 침입과 서희의 외교 담판 이야기

고려 태조는 건국 당시부터 우리 민족이 세운 발해를 멸망시킨 거란을 멀리하고, 송나라와 가깝게 지냈습니다. 또한, 서경을 *근거지로 하여 고구려 옛 땅을 되찾으려는 *북진정책을 활발히 추진하였습니다.

한편, 거란(요나라)은 고려가 자기들을 멀리하고 송나라와 친하게 지내는 것에 불만을 품어오다가 993년 소손녕을 장수로 삼아 고려를 침입하였습니다. 그러나 안융성에 이른 거란군은 더는 나아가지 못했습니다. 10여 일을 공격하였지만, 절벽 위에 바위로 쌓은 안융성은 끄떡도 하지 않았습니다.

"장군들, 우리가 고려를 너무 얕잡아 본 것 같소. *군량미가 떨어지면 큰일이니 어떡하면 좋겠소?"

"장군님, 고려 진영에 사람을 보내어 항복을 권해 보는 것이 어떨는지요?"

소손녕은 *담판을 짓자는 편지를 써서 고려 성종에게 보냈습니다.

"누가 소손녕과 담판을 짓고 오겠소?"

"폐하, 신 서희 비록 부족하오나 허락하신다면 소손녕과 담판을 짓고 오겠나이다."

이렇게 해서 서희는 소손녕과 담판을 지으러 적진으로 들어갔습니다.

다음 문제를 읽고 물음에 답하세요.

1 고려는 어느 나라와 가깝게 지냈나요? (   )

① 거란　　　　　　② 몽골
③ 여진　　　　　　④ 송나라

> 고려는 벽란도를 통해 발달한 송나라의 문물을 받아들였으며, 발해를 멸망시킨 거란을 멀리하여, 훗날에 거란의 침입을 받게 됩니다.

2 거란이 고려를 침입한 이유는 무엇인가요? (   )

① 거란을 멀리하고 송나라와 친하게 지내서
② 거란과 친해지려고 해서
③ 고려가 발해를 멸망시켜서
④ 고려가 고구려를 싫어해서

3 고려를 침입한 거란의 장수는 누구인가요?

☐ ☐ ☐

4 거란의 장수가 고려의 어떤 왕에게 편지를 보냈나요? (   )

① 태조　　　　　　② 세종
③ 성종　　　　　　④ 정종

낱말공부

*근거지 : 활동의 근거로 삼는 곳
*북진정책 : 북쪽으로 세력을 뻗어 나가려는 정책
*군량미 : 군대의 양식으로 쓰는 쌀.
*담판 : 직접 만나 의견을 교환하고 그 일치를 꾀하는 일

"내가 먼저 묻겠소. 고려는 요나라(거란)에 해를 끼치지 않았는데 어찌하여 침략을 하였소?"

"고려는 가까이 있는 우리 요나라를 멀리하고 바다를 건너야 하는 송나라와 가까지 지내고 있는 까닭이 무엇인지 묻고자 침략하였소. 그러나 고구려의 옛 땅인 자비령 북쪽의 땅을 돌려준다면 즉시 군사를 이끌고 돌아가겠소."

소손녕은 요나라가 고구려를 *발판으로 세운 나라라는 것을 강조하면서 고구려의 옛 땅을 돌려 달라고 강력하게 요구하였습니다.

다음 문제를 읽고 물음에 답하세요.

1 거란의 장수 소손녕과 담판을 지은 사람은 누구인가요? ( )

① 서희   ② 이순신
③ 권율   ④ 강감찬

2 거란에서 고려에 요구한 것은 무엇인가요? ( )

① 송나라와 친하게 지내라.
② 발해를 멸망시켜라.
③ 요나라를 멀리해라.
④ 고구려의 옛땅을 돌려달라.

3 요나라는 어느 나라를 발판으로 세운 나라라고 주장을 하였나요? ( )

① 고려   ② 고구려
③ 여진   ④ 송나라

4 □안에 어울리는 문장 부호는 어느 것인가요? ( )

"누가 소손녕과 담판을 짓고 오겠소 □ "

① 온점(.)   ② 반점(,)
③ 느낌표(!)   ④ 물음표(?)

낱말공부

*발판 : 다른 곳으로 진출하기 위하여 이용하는 수단

이에 서희는,
"고구려의 뒤를 이은 것은 우리 고려라는 것을 명심하시오. 나라 이름을 보아도 그렇고, 입는 옷과 먹는 음식도 같고 하는 말 또한 같으니, 우리가 고구려의 후손이라는 것은 분명하오. 우리 고려가 송나라와 친하게 지내는 것은 *물물교환을 하기 위한 것이오. 고려와 요나라 사이에는 여진족이 진을 치고 있으니, 이제라도 귀국이 압록강 주변에 있는 여진족을 물리치고 압록강 이남을 고려에 되돌려 주시오. 그렇게 하면 압록강 이남에 성을 쌓고 거란과 서로 왕래하며 가깝게 지내기로 하겠소."
"좋소. 우리 황제께 글을 올리겠소."

이렇게 담판이 끝나고 거란군은 자기 나라로 돌아갔습니다. 그리고 고려는 압록강 동쪽에 새로 성을 쌓고 '강동 6주'를 설치했습니다. 서희의 말 한마디로 거란의 10만 대군을 물리치고 고려의 영토도 더 넓어지게 되었습니다.

이렇게 서희는 외교 담판으로 위기로부터 나라를 구하고, 옛 고구려 영토를 돌려 받았습니다.

*물물교환 : 물건과 물건을 바꾸는 일

다음 문제를 읽고 물음에 답하세요.

1 고려가 송나라와 친하게 지내는 이유는 무엇인가요? (   )

① 거란을 멸망시키기 위해서
② 발해를 멸망시키기 위해서
③ 물물교환을 하기 위해서
④ 압록강을 얻기 위해서

2 고려가 고구려의 후손임을 알 수 있는 것이 **아닌** 것은 어느 것인가요?
(   )

① 나라 이름이 비슷하다.   ② 송나라와 친하게 지낸다.
③ 입는 옷과 먹는 음식이 같다.   ④ 쓰는 말이 같다.

3 서희 장군이 거란에 요구한 것은 무엇과 무엇인가요? (,   )

① 압록강 주변의 여진족을 물리쳐라.
② 압록강에 성을 쌓아라.
③ 송나라와 친하게 지내라.
④ 압록강 이남 땅을 고려에 되돌려 달라.

4 고려가 압록강 동쪽에 설치한 것은 무엇인가요?

☐ ☐ ☐ ☐

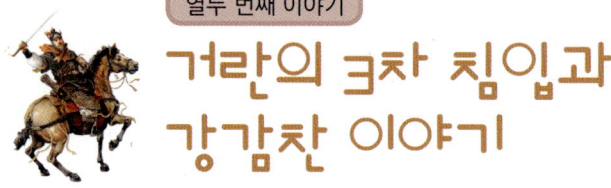

열두 번째 이야기

거란의 3차 침입과 강감찬 이야기

거란은 고려에 강동 6주를 돌려달라고 끊임없이 요구했으나 그 때마다 고려가 이를 거절하자, 1018년 12월 소배압 장군이 군사 10만을 이끌고 다시 쳐들어왔습니다. 소배압은 1차 침입 때에 왔던 장수 소손녕의 형입니다.

당시 고려는 거란의 2차 침입으로 나라 살림이 어려워져 곤란을 겪고 있었습니다. 더불어 평소 대우를 받지 못해 불만이 많던 무신들이 난을 일으켜 더욱 혼란스러웠던 때였습니다.
고려는 강감찬 장군에게 거란의 침입을 막아내게 하였습니다.

"거란군이 홍화진으로 쳐들어올 것이다."
강감찬 장군은 홍화진으로 나아가 그곳에 진을 쳤습니다. 그리고 군사 1만 5천 명을 산속에 숨게 하고 나머지 군사들은 쇠가죽으로 강 상류를 막도록 하였습니다.

강감찬 장군의 예상대로 거란 군사들은 물이 줄어든 강을 건넜습니다.

다음 문제를 읽고 물음에 답하세요.

1 거란이 고려를 3차 침입한 까닭은 무엇인가요? (   )

① 고려가 힘이 강해져서
② 고려가 강동 6주를 돌려주지 않아서
③ 여진족을 몰아내기 위해서
④ 송나라를 몰아내기 위해서

> 거란의 3차 침입을 물리친 강감찬 장군은 서울 봉천동 '낙성대'라는 곳에서 태어났습니다. '낙성대'라는 이름은 장군이 태어날 때 '하늘에서 별이 떨어졌다'는데서 붙여진 이름입니다.

2 거란의 3차 침입에 대항한 고려의 장군은 누구인가요?

[   ] 장군

3 강감찬은 거란군이 어디로 쳐들어올 것이라고 예상하였나요? (   )

① 양화진   ② 귀주
③ 홍화진   ④ 살수

4 강감찬은 거란군의 침입에 대비하여 어떤 준비를 하였나요? 2가지를 찾아보세요. (,   )

① 군사를 산속에 숨게 하였다.
② 군사를 모두 대피시켰다.
③ 쇠가죽으로 강 상류를 막도록 하였다.
④ 성을 쌓았다.

"거란군이 강을 건너고 있다. 둑을 터뜨려라!"

"와아!"

고려 군사들이 커다란 함성과 함께 둑을 터뜨렸습니다.

거란군이 ㉠<u>폭포와 같은 물살</u>에 휩싸이자, 숨어있던 고려군은 일제히 거란군을 공격하여 2만의 거란군이 죽었습니다.

소배압은 살아남은 군사로 모든 수단을 다하여 고려군을 공격했으나 계속 실패하였습니다. 거란군은 지칠 대로 지쳐서 물러가게 되었습니다.

다음 문제를 읽고 물음에 답하세요.

1. ㉠<u>폭포와 같은 물살</u>은 무엇을 뜻하는 것인가요? (   )

   ① 폭포와 같은 모양으로 생긴 물살   ② 폭포처럼 소리가 큰 물살
   ③ 폭포처럼 거센 물살   ④ 폭포처럼 느린 물살

2. '성공'의 반대말을 본문에서 찾아 써보세요.

  거란군이 귀주를 지날 무렵, 강감찬이 거느린 고려군은 거란군을 좁은 계곡으로 유인하여 미리 기다리고 있다가 세 곳에서 한꺼번에 공격했습니다.

  거센 바람이 거란군 쪽을 향해 불기 시작했고 고려군은 화살을 퍼부었습니다. *전세가 불리하다는 것을 깨달은 거란군은 북쪽으로 달아나기 시작했습니다.
  "거란군이 달아난다. 한 놈도 놓치지 마라."
  고려군은 도망치는 적을 맹렬히 쫓아갔습니다.
  이때 거란의 10만 대군은 거의 죽고 살아서 돌아간 사람은 겨우 수천 명뿐이라고 합니다. 이 싸움을 '귀주대첩'이라고 하는데 을지문덕 장군의 '살수대첩'과 더불어 *통쾌한 승리를 거둔 싸움 중의 하나입니다.

  이렇게 하여 3차에 걸친 거란과의 싸움은 고려의 승리고 끝나고 거란은 강동 6주의 반환 요구를 포기하게 되었습니다.
  그 후, 현종은 압록강 입구에서 동해안의 도련포에 이르는 천리장성을 쌓아 외적의 침입에 대비하게 하였습니다.

낱말공부

*전세가 불리하다 : 싸움의 돌아가는 형편이 나쁘다.
*통쾌한 : 아주 즐겁고 유쾌한

다음 문제를 읽고 물음에 답하세요.

1 거란의 3차 침입에서 강감찬 장군이 승리를 거둔 싸움을 무엇이라고 하나요? (   )

① 살수대첩 ② 귀주대첩
③ 행주대첩 ④ 한산대첩

2 3차에 걸친 거란과의 싸움은 어느 나라가 승리하였나요? (   )

① 고려   ② 거란
③ 송나라 ④ 여진

3 고려는 외적의 침입에 대비하기 위해 무엇을 쌓았나요?

☐

4 천리장성은 어디에서 어디까지 쌓은 성인가요?

☐ 에서 ☐ 까지

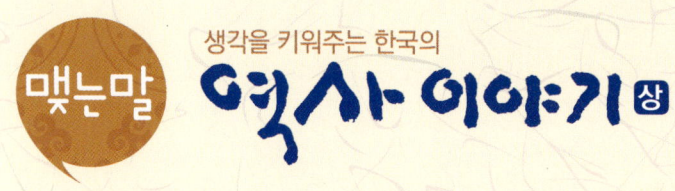

여러분!

　지금까지 여러분은 반만년에 이르는 우리나라의 오랜 역사에 대해 공부해 보았습니다.

　우리 역사공부를 하며 여러분은 어떤 느낌이 들었나요?
　관리들이 부패하면 백성들의 생활이 어려워지고, 그리하여 나라가 망하게 되고, 새로운 세력이 일어나 새 나라를 건설하고....
　역사는 이렇게 끊임없이 반복되는 거랍니다.

　이렇게 나라의 흥망성쇠가 끊임없이 반복되는 역사속에서도, 우리 선조들은 외적의 침입으로부터 나라를 지키고, 또 빼앗긴 나라를 되찾기 위해 귀한 목숨을 버려가면서 오늘의 대한민국을 일구어 왔습니다.

　일본에 빼앗긴 나라를 되찾기 위해 얼마나 많은 독립 투사들이 목숨을 바쳤으며, 북한 공산주의자들의 침략으로부터 나라를 지키기 위해 얼마나 큰 희생을 치렀으며, 가난으로부터 벗어나기 위해 또 얼마나 많은 노력을 기울였는지....

오늘의 대한민국은 선조들의 숭고한 피와 땀으로 이루어 졌습니다.
선조들의 노고를 잊지 않고, 이러한 우리 조국 대한민국을 지키고 발전시켜야 할 책임이 여러분 모두에게 있습니다.

나라 사랑하는 마음은 국민이라면 너무나 당연한 일로, 그 실천의 시작은 자신에게 주어진 일을 충실히 이행하는 것입니다.
공부를 열심히 하는 일에서부터, 부모님 말씀 잘 듣고 법을 잘 지키며, 주위의 어려운 사람들을 볼보는 일 등 어려운 일이 아닙니다.

나라가 부강해질 때 국민은 나라로부터 보호받을 수 있으며, 행복을 누릴 수 있답니다.
나라 사랑하는 마음을 다시 한 번 더 새기며, 오늘부터는 새로운 각오로 새 생활을 시작하기 바랍니다.
여러분 수고 많았습니다.

2013년 4월 15일
글쓴이

생각을 키워주는 한국의
역사 이야기 상
정답

첫 번째 이야기 최초의 나라 고조선과 단군 이야기

15쪽 **1** ② **2** ④ **3** 백두산 신단수 아래 **4** 홍익인간
17쪽 **1** 곰, 호랑이 **2** 환웅 **3** 100일, 동굴, 쑥, 마늘 **4** ③ **5** ②
19쪽 **1** 호랑이 **2** ④ **3** ① **4** ③
21쪽 **1** 웅녀 **2** 단군왕검 **3** ① **4** ④ **5** ②
23쪽 **1** ③ **2** 기원전 2,333년, 조선 **3** ④
4 단군왕검 — 조선
이성계 — 고조선 (교차)
5 각자 토론해보세요.

두 번째 이야기 고구려 건국과 주몽 이야기

27쪽 **1** 고조선 **2** ③ **3** 유화 **4** 1) 헤매다가 (○) 2) 앉아 (○)
29쪽 **1** 해모수 **2** ③ **3** 금와왕 **4** ①
31쪽 **1** 알 **2** 돼지우리, 길거리, 들판 **3** ④ **4** ③
33쪽 **1** ④ **2** ④ **3** 무럭무럭 **4** 오이, 마리, 협보 **5** 남, 나라
35쪽 **1** ③ **2** 물고기, 자라
37쪽 **1** ② **2** ①
3 영리하고 대범하여 영웅적인 기개를 갖춘 인물이었습니다.
4 소서노
5 각자 토론해보세요.

세 번째 이야기 거대한 나라건설 광개토대왕 이야기

39쪽 **1** ② **2** ③ **3** 환도성 **4** ①, ④
41쪽 **1** ④ **2** 영락 **3** 고구려 **4** ①, ④
42쪽 **1** 후연 **2** ②
45쪽 **1** ① **2** ① **3** ② **4** ③
47쪽 **1** ③ **2** 장수왕 **3** ③
4 은혜로운 혜택을 하늘에서 받으시어
위엄 있는 무력을 사해에 떨치노라
나쁜 무리를 쓸어서 제거하시니
뭇사람이 편안하게 생업에 종사하도다.
나라가 부유해지고 백성이 잘살아
온갖 곡식이 풍성하게 익었도다.

네 번째 이야기 살수대첩과 을지문덕 장군 이야기

49쪽 **1** ③ **2** 을지문덕 **3** ②,③
51쪽 **1** 문무, 지략, 용맹 **2** ④ **3** 113 **4** 우문술, 우중문
53쪽 **1** 패한, 유인 **2** ④ **3** ② **4** ③
55쪽 **1** 항복문서 **2** 인정, 무릎 꿇고 **3** ④ **4** 약점
57쪽 **1** 일곱(7), 일곱(7) **2** ② **3** 여수장 우중문
4 1) 편   2) 켤레   3) 송이   4) 마리
59쪽 **1** ①,③ **2** 전쟁 **3** ①,③ **4** 1) 다르다. 2) 다르다. 3) 틀렸어.
61쪽 **1** 계략 **2** 살수 **3** ③ **4** ①
5 서로 토론해 보세요.

다섯 번째 이야기 백제 건국과 온조 이야기

63쪽 **1** 소서노 **2** ② **3** 고구려, 강한 **4** ③
65쪽 **1** ③ **2** 고구려, 땅 **3** 새나라
　　　4 두 형제의 뜻이 확고해서 ── 감기에 걸렸다
　　　　　비를 맞아서 ── 부탁을 들어 주었다.
67쪽 **1** 한강 **2** ④ **3** 삼각산
　　　4 1) 꽃처럼 2) 솜사탕처럼 3) 하늘만큼 4) 솜털처럼
69쪽 **1** ④ **2** ② **3** ① **4** ①,③
71쪽 **1** 백제 **2** 1) 새나라, 어려움, 쉬지 2) 십제, 백제 **3** ④
　　　4 서로 토론해 보세요.

여섯 번째 이야기 백제의 멸망과 계백 장군 이야기

73쪽 **1** ② **2** 지혜, 무예, 장수 **3** ④ **4** 수사
75쪽 **1** ② **2** 황산벌 **3** ② **4** ④
77쪽 **1** 반굴, 관창, 전사, 부족 **2** 서기 660년 **3** 신라, 당나라
　　　4 1) 빚습니다. 2) 빗습니다.

일곱 번째 이야기 신라 건국과 박혁거세 이야기

79쪽 **1** 흰말 **2** 흰말, 알, 절 **3** ③ **4** 싸인, 쌀인
81쪽 **1** ② **2** 찬란, 빛 **3** ② **4** 알, 박 **5** 혁거세
83쪽 **1** 닭, 용 **2** ③ **3** ① **4** 댁, 집, 집
85쪽 **1** ④ **2** ① **3** ④ **4** 고구려, 백제, 신라

여덟 번째 이야기 화랑과 화랑도 이야기

87쪽 **1** ② **2** ②,③ **3** ① **4** ③
89쪽 **1** ③ **2** 사다함, 관창 **3** 효도, 충성 **4** 1) (○)

아홉 번째 이야기 발해 건국과 대조영 이야기

91쪽 **1** ③ **2** ① **3** ① **4** 걸걸중상
93쪽 **1** ② **2** ③ **3** ④ **4** ②
95쪽 **1** 동모산 **2** 발해, 천통 **3** ④ **4** 고구려

열 번째 이야기 고려 건국과 고려 태조 왕건 이야기

99쪽 **1** 견훤 **2** 궁예 **3** ② **4** ④ **5** 후고구려, 태봉
101쪽 **1** ③ **2** ① **3** 넓은 마음 **4** ②
103쪽 **1** 대신, 장군 **2** ③ **3** ① **4** 병법, 무술
105쪽 **1** ③ **2** 경순왕 **3** ① **4** ③ **5** 고구려

열한번 번째 이야기 거란의 침입과 서희의 외교담판 이야기

107쪽 **1** ④ **2** ① **3** 소손녕 **4** ③
109쪽 **1** ① **2** ④ **3** ② **4** ④
111쪽 **1** ③ **2** ② **3** ①, ④ **4** 강동6주

열두 번째 이야기 거란의 3차 침입과 강감찬의 귀주대첩 이야기

113쪽 **1** ② **2** 소배압 **3** ③ **4** ①,③
115쪽 **1** ③ **2** 실패
117쪽 **1** ② **2** ① **3** 천리장성 **4** 압록강-도련포

생각을 키워주는 한국의
역사 이야기 상

초판 1쇄 인쇄 ㅣ 2013년 6월 11일

글 ㅣ 이지교육 편집부

교정 ㅣ 박승필

기획/편집 ㅣ 강성실

그림 ㅣ 이남구

펴낸이 ㅣ 이은숙

펴낸곳 ㅣ 이지교육 등록번호 제 2011-000057 호

주소 ㅣ 서울특별시 양천구 목동 동로 130 상가 207호

전화 ㅣ 02-2648-3065

팩스 ㅣ 02-2651-2268

홈페이지 ㅣ www.easyhangeul.com

ISBN ㅣ 978-89-98693-08-4

*사진출처 : 두피디아, 청주고인쇄박물관, 규장각
*낱말사전 : 네이버 낱말사전, 동아 새국어 사전

잘못된 책은 바꾸어 드립니다.
본 책의 저작권은 이지교육에 있으며 저작권법에 의해 보호를 받는 저작물이므로 무단 복제와 전제를 금합니다.